三昧禪法經典系列②

般舟三昧經典

三昧禪法經典的出版因緣

三昧禪法經典的出版，是我們整理弘揚佛法禪觀修行的重要一步，希望這些經典的整理，能夠幫助修行大眾在禪觀修證上有所增益。

佛教的禪法，無比深妙廣大。從原始佛教中，以對治與解脫為中心的禪觀，到大乘佛教中，以大悲與如幻為見地，所開展出無邊廣大的菩薩三昧，都是能令人超越生死煩惱的障礙，而達到廣大自在境界的殊勝法門。這些禪觀也能令我們了悟身心法界的無邊奧密，值得人人以無盡的生命來從事無邊禪觀的修證體悟。

佛教的修證體悟，不是散心妄念的思惟分別，諸佛菩薩也沒有建立一套龐大精妙思想的興趣。佛法看似廣大無際的思想體系，不是向壁虛構的分別推論所成，實際上只是解釋身心法界真相的體悟內容。因此，佛法的悟境，絕對是在身心統一和諧的境界中產生，所以世智聰明或極度思辯推理，可能產生龐大的精思學問，卻不可能在佛法中開悟解脫。依此而言，禪法定力雖然不是佛法開悟的內容，卻是開悟解脫的根本。

另外，大乘菩薩的三昧禪法更是依據菩薩對空、無常、無我的體悟，不住於涅槃解脫，而以大悲心發起菩提願，以菩薩三昧禪法產生永不間斷的廣大力量，永不退轉地如幻救度眾生。所以，就佛法的立場而言，禪法是每一個人改變身心性命、煩惱習氣所必備的工具。

在佛陀時代，禪法是大家共同的必修科，習禪是每一個佛教徒的常課，我們十分懷念那樣的殊勝因緣，希望在這一個時代中重現。本套三昧禪法經典，共輯成十冊，為了使大家能迅速的掌握經典的內義，此套經典全部採用新式分段、標點，使讀者能夠迅速的體悟三昧禪法的要義。

這一套三昧禪法經典，涵蓋了最基本的安般（數息）、不淨、慈心、因緣、念佛等五停心觀，乃至無邊廣大的菩薩三昧；這十冊的內容是：

一、念佛三昧經典

二、般舟三昧經典
三、觀佛三昧海經典
四、如幻三昧經典
五、月燈三昧經典
六、寶如來三昧經典
七、如來智印三昧經典
八、法華三昧經典
九、坐禪三昧經典
十、修行道地經典

現在供養給大家，希望大家能夠依此而使身心離惱、解脫自在，甚至證入無邊廣大的菩薩三昧，具足大功德、大威力；並祈望大家廣為推行，使如來的教法能大弘於人間，一切眾生歡喜自在、一切願滿，乃至圓滿成佛。

南無　本師釋迦牟尼佛

凡例

一、關於本系列經典的選取，以能彰顯佛法中三昧禪法的修習與功德力用為主，以及包含各同經異譯本，期使讀者能迅速了解修習三昧禪法的重要見地及善巧方便。

二、本系列經典選取之經文，以卷為單位。

三、本系列經典係以日本《大正新修大藏經》（以下簡稱《大正藏》）為底本，而以宋版《磧砂大藏經》（新文豐出版社所出版的影印本，以下簡稱《磧砂藏》）為校勘本，並輔以明版《嘉興正續大藏經》與《大正藏》本身所作之校勘，作為本系列經典之校勘依據。

四、《大正藏》有字誤或文意不順者，本系列經典校勘後，以下列符號表示之：

㈠改正單字者，在改正字的右上方，以「*」符號表示之。如《大方等大集經菩薩念佛三昧分》卷四〈歎佛妙音勝辯品第五之一〉之中：

無名相法以名相說，「共」義亦爾《大正藏》

無名相法以名相說，「其」義亦爾《磧砂藏》

校勘改作為：

無名相法以名相說，*其義亦爾

(二)改正二字以上者，在改正之最初字的右上方，以「*」符號表示之，並在改正之最末字的右下方，以「☆」符號表示之。

如《佛說如幻三昧經》卷上之中：

離欲「恍惚」寂無所有，歸於澹泊悉無所生《大正藏》

離欲「煩惱」寂無所有，歸於澹泊悉無所生《磧砂藏》

校勘改作為：

離欲*煩惱☆寂無所有，歸於澹泊悉無所生

五、《大正藏》中有增衍者，本系列經典校勘刪除後，以「①」符號表示之，其中圓圈內之數目，代表刪除之字數。

如《佛說如幻三昧經》卷下之中：

尋便滅「除，除不與合」《大正藏》

尋便滅「除，不與合會」《磧砂藏》

校勘改作為：

尋便滅除，①不與合⊙會

六、《大正藏》中有脫落者，本系列經典校勘後，以下列符號表示之：

(一)脫落補入單字者，在補入字的右上方，以「⊙」符號表示之。

如《大寶積經》卷一百三〈善住意天子會〉之〈文殊神變品第三〉中：

文殊師利後「善住發」《大正藏》

文殊師利後「善住意發」《磧砂藏》

校勘改作為：

文殊師利後善住⊙意發

㈡脫落補入二字以上者，在補入之最初字的右上方，以「⊙」符號表示之；並在補入之最末字的右下方，以「☆」符號表示之。

如《觀佛三昧海經》卷六〈觀四威儀品第六之一〉之中：

阿難在右，「羅睺佛後」《大正藏》

阿難在右，「羅睺羅在佛後」《磧砂藏》

校勘改作為：

阿難在右，羅睺⊙羅在☆佛後

七、本系列經典依校勘之原則，而無法以前面之各種校勘符號表示清楚者，則以「㊟」表示之，並在經文之後作說明。

八、《大正藏》中，凡不影響經義之正俗字（如：恆、恒）、通用字（如：蓮「華」、蓮「花」）、譯音字（如：目「犍」連、目「乾」連）等彼此不一者，本系列經典均不作改動或校勘。

九、《大正藏》中，凡現代不慣用的古字，本系列經典則以教育部所頒行的常用字取代之（如：讃→讚），而不再詳以對照表說明。

十、凡《大正藏》經文內本有的小字夾註者，本系列經典均以小字雙行表示之。

十一、凡《大正藏》經文內之咒語，其斷句以空格來表示。若原文上有斷句序號而未空格時，則本系列經典均於序號之下，加空一格；但若作校勘而有增補空格或刪除原文之空格時，則仍以「◎」、「①」符號校勘之。又原文若無序號亦未斷句者，則維持原樣。

十二、本系列經典之經文，採用中明字體，而其中之偈頌、咒語等，皆採用正楷字體。另若有序文、跋或作註釋說明時，則採用仿宋字體。

十三、本系列經典所作之標點、分段及校勘等，以儘量順於經義為原則，來方便讀者之閱讀。

般舟三昧經典序

《般舟三昧經》梵名為Pratyutpanna-buddha-saṃmukhâvasthita-samādhi-sūtra，三卷。支婁迦讖譯於東漢靈帝光和二年（179）。又作《十方現在佛悉在前立定經》、《大般舟三昧經》、《十方現在前立定經》，收在《大正藏》第十三冊。全經共分〈問事〉、〈行〉、〈四事〉、〈譬喻〉（以上卷上）、〈無著〉、〈四輩〉、〈授決〉、〈擁護〉、〈羼羅耶佛〉（卷中）、〈請佛〉、〈無想〉、〈十八不共十種力〉、〈勸助〉、〈師子意佛〉、〈至誠佛〉、〈佛印〉、（卷下）等十六品，敘述依般舟三昧以明見佛之法。

本經之異譯本有同為支婁迦讖譯之《般舟三昧經》一卷，以及《拔陂菩薩經》一卷（後漢失譯）、《大方等大集經賢護分》五卷（隋・闍耶崛多譯）等。其中，一卷本《般舟三昧經》，據說其原傳於高麗，義天於肅宗十年（1105）攜至日本。《開元釋教錄》卷一則以其為闕本，謂其譯於光和二年，由竺佛朔翻譯，支讖傳語，河南孟福、張蓮筆受。

所謂「般舟三昧」，據善導《般舟讚》所釋（大正47.448b）：

「梵語名般舟，此翻名常行道，或七日、九十日，身行無間，總名三業無間，故名般舟也。又言三昧者亦是西國語，此翻名為定，由前三業無間心至所感即佛境現前，正境現時即身心內悅故名為樂，亦名立定見諸佛也。」

而般舟三昧（梵名pratyutpanna-samādhi）修行法是指經過七日乃至九十日間的依法精進修行，終得佛現前的三昧，即所謂「見佛定」。此語出於《般舟三昧經》。「般舟」一詞，除了善導《般若讚》譯為常行道，又名立定見諸佛外；智顗《摩訶止觀》卷二之一譯為常行或佛立；元曉《般舟經略記》譯為定意。

譯為「常行」及「常行道」，乃根據《般舟三昧經》卷上〈四事品〉所說：「不得臥出三月，如指相彈頃；經行不得休息，不得坐三月，除其飯食左右。」取其行相不得住、坐、臥。即行道無間斷之意。《般舟讚》更依此說其行相（大正47.488b）：「或七日、九十日，身行無間，總名三業無間。」蓋此行相雖屬身業，但因口稱佛名，意觀佛體，三業相應，故名三業無間。

又譯為「佛立」，也是根據《般舟三昧經》卷上〈問事品〉所說「十方諸佛悉立在前」及〈行品〉所說「持是行法便得三昧，現在諸佛悉立在前」之意而得名的。善導對此加以解釋，說「由前三業無間，心至所感，即佛境現前。」

所謂「定意」，是稱其心專注於一佛；又，「立定見諸佛」的「立定」是指能修之人，「見諸佛」是指所見之境。《般舟三昧經》卷上〈行品〉云：「持佛威神力於三昧中立，在所欲見何方佛，欲見即見，何以故？（中略）持佛威神力，持佛三昧力，持本功德力，用是三事故得見佛。」

關於此一法門修習方法，《般舟三昧經》〈四事品〉所載，當在三個月中，除飯食及大小便之外，不坐、不臥、經行而不休息的禪法。

成就「般舟三昧」，能見阿彌陀佛；不只是見到了，而且還能與佛問答，聽佛說法。這是修習三昧成就，出現於佛弟子心中的事實。這一類修驗的事實，在佛教中是很普遍的。西元三至五世紀間，從北印度傳來，佛弟子有什麼疑問，就入定，上升兜率天去問彌勒。西元四世紀記載「無著菩薩夜昇天宮，於慈氏菩薩所，受瑜伽師地論」，也就是這一類事實。在「祕密大乘」中，修法成就了，本尊（多數是現夜叉相的金剛）現前；有什麼疑問，也可以請求開示。但這一切都是唯心所作，所現的一切都是無實現空的，連能觀的心也是空，切切不可執著這些現象。

般舟三昧在中國得到廣大的弘揚與傳頌，淨土初祖慧遠大師在廬山白蓮結社，曾聚衆修習此法，而二祖善導大師及慧日、承遠、法照諸師也相繼著書，設立道場，加以弘揚，天台智者大師更將之列為四種三昧之一，稱為常行三昧。

為了使大衆了悟此法的殊勝，並依之修習受用，特別輯此經集，上供阿彌陀佛乃至十方諸佛，並獻給一切淨土行人及諸佛子。

南無　阿彌陀佛

目錄

佛說般舟三昧經　　後漢　支婁迦讖譯　183

拔陂菩薩經　　失譯　209

大方等大集經賢護分

大方等大集經賢護分卷第一

隋天竺三藏闍那崛多譯

思惟品第一

如是我聞：一時，佛在王舍城迦蘭陀竹園精舍，與大比丘衆五百人俱，皆是阿羅漢，諸漏已盡無復煩惱，咸得自在，心善解脫慧善解脫，調伏一切猶如大龍，所作已辦衆行具備，棄捨重擔不受後生，行於平等獲真己利，安住正教得到彼岸，唯除長老阿難一人。爾時，復有五百諸比丘，於晨朝時，各從住處詣世尊所，恭敬合掌頂禮佛足，退坐一面。

爾時，尊者舍利弗、尊者大目連在舍衛城夏安居已，亦與五百諸比丘俱，次第遊行城邑聚落至王舍城，入迦蘭陀竹園精舍詣世尊所，到已恭敬頂禮佛足，退坐一面。

爾時，世尊以神通力放大威光，令彼諸國城邑聚落，一切諸有諸比丘衆，咸各來詣王舍大城，入迦蘭陀竹園精舍至世尊所，恭敬合掌頂禮佛足，退坐一面。

爾時，迦蘭陀竹園精舍有百千數諸比丘等，承佛威光皆已雲集至世尊所，恭敬合掌頂禮佛足，退坐一面。

爾時，復有彼摩訶波闍波提比丘尼，亦承世尊威神力故，亦與二萬比丘尼俱悉皆大集，入迦蘭陀竹園精舍詣世尊所，恭敬合掌頂禮佛足，退坐一面。

爾時，王舍大城有優婆塞名曰賢護，為衆上首，亦與五百優婆塞俱，受持五戒具足威儀。是大菩薩，久已住於阿耨多羅三藐三菩提行。本願力故，常隨世尊樂聞正法，恒懃精進。為滿一切助道法故，於朝旦時，承佛威神，從本住處入迦蘭陀竹園精舍至世尊所，恭敬合掌頂禮佛足，退坐一面。

爾時，毘耶離大城有一離車子名曰寶生，為衆上首，亦與二萬八千諸離車俱，於晨朝時，承佛神力，皆自彼城發，來入此迦蘭陀園至如來所，恭敬合掌頂禮佛足，退坐一面。

爾時，瞻婆城有一長者子名曰星藏，為衆上首，亦與二萬八千長者子俱，於晨朝時，承佛神力，自瞻婆城發，來入此迦蘭陀園至世尊所，恭敬合掌頂禮佛足，退坐一面。

爾時，復有一摩那婆（隋言淨持亦云少年亦云仁童子等）名那羅達多，為衆上首，亦與二萬八千人俱，於晨朝時，自本住處發，來入此迦蘭陀園詣世尊所，恭敬合掌頂禮佛足，退坐一面。

爾時，舍衞國復有長者名大善商主，并彼給孤獨長者，為衆上首，亦與二萬八千人俱，自彼舍衞國詣王舍城，入迦蘭陀園至世尊所，恭敬合掌頂禮佛足，退坐一面。

爾時，王舍大城復有長者名曰水天，為最上首，亦與二萬八千人俱，從本住處發，來入此迦蘭陀園詣世尊所，恭敬合掌頂禮佛足，退坐一面。

爾時，摩伽陀國主韋提希子阿闍世王，亦與百千諸眷屬俱，於晨朝時，亦來入此迦蘭陀園詣世尊所，頂禮佛足，退坐一面。

爾時，復有四大天王及天帝釋，乃至欲界一切天眾，各與無量百千億那由他眷屬天眾俱，亦於晨朝，悉來入迦蘭陀園至如來所，頂禮佛足，退坐一面。

爾時，復有娑婆世界主大梵天王，亦與無量百千億那由他眷屬天眾俱，於晨朝時，悉入迦蘭陀園至如來所，頂禮佛足，退坐一面。

爾時，復有大自在天王，亦與無量百千淨居諸天眾俱，於晨朝時，悉入迦蘭陀園，頂禮佛足，退坐一面。

爾時，復有四阿脩羅王，各與無量百千眷屬阿脩羅眾俱，亦於晨朝，入迦蘭陀園詣如來所，頂禮佛足，退坐一面。

爾時，復有難陀龍王及跋難陀龍王，各與無量百千眷屬諸龍眾俱，亦於晨朝，入迦蘭陀園詣如來所，頂禮佛足，退坐一面。

爾時，復有裟伽羅龍王、阿那婆達多龍王及摩那斯龍王、伊跋羅龍王等，各與無量百千眷屬諸龍眾俱，亦於晨朝，入迦蘭陀園詣如來所，頂禮佛足，退坐一面。

爾時，此三千大千世界一切諸比丘、比丘尼、優婆塞、優婆夷，及以一切天龍、夜叉、乾闥婆、阿脩羅、迦樓羅、緊那羅、摩睺羅伽乃至人非人，及諸王等信如來者，為聽法故，一切皆集迦蘭陀園詣如來所，頂禮佛足，各坐一面。

爾時，迦蘭陀園其地弘廣如此，三千大千世界所有地方大眾充滿無空缺處，若杖頭許而不遍者，如是上至有頂下逮梵宮，所有一切大威德神通諸天大眾，乃至一切諸龍、夜叉、乾闥婆、阿修羅、迦樓羅、緊那羅、摩睺羅伽、人非人等，皆來集會。

爾時，賢護菩薩摩訶薩卽從座起，偏袒右肩，右膝著地，合掌向佛白佛言：「世尊！我於今者，欲得諮問如來、應供、等正覺，心中所疑，不審世尊見垂聽不？」

爾時，世尊復告賢護菩薩言：「賢護！如來世尊隨汝所疑，恣汝所問，為汝宣釋，令汝歡喜。」

時彼賢護菩薩既蒙聽許，復白佛言：「世尊！菩薩摩訶薩具足成就何等三昧，而能得彼大功德聚？云何得入多聞大海獲智慧藏，問無疑惑故？云何復得無意戒聚不失成就，於阿耨多羅三藐三菩提無退減故？復云何得不生愚癡、邪見空處故？云何當得宿命智，遍知去來故？云何當得不離奉見諸佛世尊，聽聞正法乃至夢中故？云何當得殊特端正上妙色身，具足威儀眾生樂見故？云何當得常生大姓之家、尊貴之位，見者恭敬故？云何復得父母、兄弟、宗親、眷屬及以知識左右圍遶，恒無別離故？

「云何當得廣達博通，所為殊異，亦終無缺減於阿耨多羅三藐三菩提心故？云何當得正念正行，節度不移，心知足故？云何當得常生慚愧，遠離恥辱故？云何當得正智謙恭，降伏我慢故？云何當得策懃精進，遠離懈怠故？云何當得大慈、大悲、大喜、大捨，平等與樂故？云何當得聞說甚深真空、無相、無願法時，一切無有驚怖退沒故？云何當得不樂懶惰，攝受正法故？云何當得智慧通達，明了一切無與等者故？云何當得於一切佛剎，隨意得生故？云何當得不為一切外道所摧壞故？

「云何當得如海，能受納衆問疑釋難，無減無盡故？云何當得如月滿，白淨法具足故？云何當得如日初出，破諸闇冥故？云何當得如燈炬，光明照了故？云何當得如虛空性，無有罣礙故？云何當得無所住著，心如虛空故？云何當得如金剛，穿徹通達一切法故？云何當得如須彌山，不可動搖故？云何當得如門閫，一切正住故？云何當得如猫、狗、獸等，心業成就故？云何當得無為一切諸法中故？云何當得如飛鳥，隨意而去故？云何當得摧折憍慢如旃陀羅子故？云何當得住阿蘭若如諸獸、獼猴等，不樂城邑聚落，一切出家、在家不相參亂故？

「云何當得統領大衆，教詔導示故？云何當得不樂生一切衆生中，不動於一切衆生故？云何當得不為一切外道，降伏天魔惑亂故？云何當得大辯才，於一切法決了知故？云何當得於一切佛法，不隨他行故？

「云何當得大堅固信，無可毀壞故？云何當得大慈力信，不可動故？云何當得深入信，無所行故？云何當得潤澤信，於一切法中多歡喜故？云何當得最勝信，供養承事一切諸佛無厭足故？云何當得種種入信，種諸善根故？云何當得真妙信，增長無虛偽行故？云何當得淨喜信，除滅一切嫉妬故？云何當得清淨信，得一切種智光明故？云何當得喜樂行信，除滅諸蓋障惡故？云何當得智喜信，攝受諸佛境界故？云何當得莊嚴行信，勝一切世間瓔珞莊嚴，佛國清淨成就故？

「云何當得清淨戒行，永滅一切聲聞、辟支佛心故？云何當得莊嚴大誓，一切所作皆究竟故？云何當得為一切眾生中上首，欲行諸善法故？云何當得無有疲倦，為欲教授一切菩薩所學諸波羅蜜故？云何當得不退轉，多求一切佛法故？云何當得不可壞，不為一切外道邪師所破故？云何當得深信一切諸佛，不捨此念常見諸佛故？云何當得如父想，紹隆一切佛法故？云何當得佛力加持，於一切佛法光明中生故？云何當得無障礙，一切佛法悉現在前故？

「云何當得如幻人，於一切法無思念故？云何當得如化者，觀一切法無生滅故？云何當得如夢，觀察三世無來去故？云何當得如鏡像，一切世界斯現身中故？云何當得如響聲，一切法無作無為因緣生故？云何當得如形影，於一切生法自無心取捨故？云何當得空無所有，遠離一切諸佛想故？云何當得無相，觀一切法無有二故？

「云何當得法界邊際，菩提心無限量故？云何當得不起著，一切世界性無分別故？云何當得無礙行，遍遊一切諸佛剎中故？云何當得諸陀羅尼，聞一知萬，善達一切文字分別說故？云何當得如諸法師，善知一切佛法故？云何當得一切諸佛所護念，一切佛威力加持故？云何當得雄猛不怯弱出聲，如大牛王及大師子王步故？云何當得無畏，令一切世間歡喜故？云何當得無疑惑，於一切佛平等無二故？云何當得通達如如，滅除疑惑不著諸法故？云何當得證深法界，善能解釋所問義故？云何當得師利益他，具足大慈故？云何當得滅除懶惰，恒樂說法故？云何當得如法住，不捨一切眾生故？

「云何當得不諂曲，性淳直故？云何當得如眼目，為一切世間燈明故？云何當得不可輕蔑，勝出一切三界故？云何當得無諍論，如教說行故？云何當得無艱難，行無住著故？云何當得知於實際，不分別諸法故？云何當得說一切語言智，令諸衆生住於大乘故？云何當得至無畏處，遠離恐怖，永無一切毛竪等事故？云何當得知佛方便說，善達一切修多羅等故？云何當得不空生世間，恒入一切衆中獲利故？云何當得為一切智首，於一切世間應受供養，大名聞故？云何當得無邊讚歎功德，為一切衆生福田故？云何當得大歡喜踊躍無量，常在諸如來師子座下故？

「云何當得勝上辯才，能問一切佛法故？云何當得意不怯弱辯才，於一切大衆中無怖畏故？云何當得一切論議辯如師子王，降伏一切外道，攝受諸異論師故？云何當得不壞本誓莊嚴，欲摧一切邪異朋黨故？云何當得善巧說法常處師子座，一切諸佛印可故？云何當得遠離一切世間無義語言，以通達一切正教故？

「云何當得深愛一切諸佛法，於諸如來生處行故？云何當得樂欲真法，知諸如來不生故？云何當得不懈慢，善承事知識故？云何當得不染者，遊行一切世界故？云何當得願行具足，為教化一切衆生故？云何當得如珊瑚，得諸相故？云何當得如虛空，一切法無得相故？云何當得如菩薩，不斷佛種故？云何當得不休息行，諸菩薩道未曾遠離大乘故？云何當得著大鎧甲，諸佛廣大戒中決定住故？云何當得一切諸佛所讚灌頂，住於諸如來十力地中故？云何當得一切所想，通達一切諸法行故？云何當得一切算數，巧方便知故？云何當得善知一切成壞，遠離一切障礙行故？云何當得一切不住行，不取不捨故？云何當得一切大施主，能施無悔故？云何當得入諸法海，能施勝上法寶藏故？云何當得一切世間行，能捨世間諸相故？云何當得廣大神通，隨順諸佛神通滿足歡喜故？云何當得一剎那時間行，即能遍至一切諸佛前故？

「復云何當得住此佛剎，遍見一切十方諸佛，聽聞正法，供養衆僧，非但未得出世六通，而實未得世間五通，而亦未捨此世界身，亦無生彼諸佛國土；唯住此土見餘世界諸佛世尊，悉聞諸佛所宣正法，一切聽受如說修行？世尊！譬如今時聖者阿難，於世尊前親聞法已，皆悉受持如說奉行；彼諸菩薩身居此土不至彼界，而能遍覩諸佛世尊，聽聞法已悉能受持；如說修行亦復如是，從是已後一切生處，常不遠離諸佛世尊聽聞正法，乃至夢中咸若斯也？」

爾時，世尊告賢護菩薩摩訶薩言：「善哉！善哉！賢護！汝今乃能請問如來如是妙義。汝為利益一切世間諸眾生故，亦為安樂諸眾生故，復為憐愍諸天人故，復為攝受未來世中諸菩薩故。賢護！而汝往昔已曾供養無量諸佛，種諸善根，聽聞正法，受持正法，愛樂正法，敬重正法。汝今但以摩訶迦葉教化行故，少欲知足，恒樂閑靜阿蘭若處，或居塚間，或在樹下，亦露地坐，常坐不臥，一敷不移；受乞食法，一食不再，或一坐食，或唯一摶；唯畜三衣及糞掃衣，讚歎頭陀。勸請諸菩薩，教菩薩行法，令諸菩薩喜。訶責諸菩薩，教示諸菩薩，成就諸菩薩。能為利益行大慈悲，於諸眾生生平等心，咸得自在到於彼岸，隨意得見一切諸佛。發廣大願行深妙行，樂一切智菩提梁柱，善能隨順如來種性，發菩提心猶如金剛，通達世間眾生所念，廣大妙行不可校算、不可稱量，常在一切諸佛目前。賢護！於汝功德中未說少分也。

「賢護！今有菩薩三昧，名曰思惟諸佛現前三昧。若有菩薩具足修習如是三昧，當得成就如上所問諸功德等。賢護！當知更有無量無邊勝上功德說不可盡。」

爾時，賢護菩薩復白佛言：「善哉！世尊！唯願說此菩薩念一切佛現前三昧，令此世間天人、梵、魔、沙門、婆羅門，諸龍、夜叉、乾闥婆、阿脩羅、迦樓羅、緊那羅、摩睺羅伽、人非人等，多獲利益，多受安樂故；亦令當來無量眾生多得利益、◎多受安樂故；又為未來諸菩薩輩作大光明，承*佛威力故；又願現在、未來諸菩薩等，普得聞此念一切佛現前三昧。彼既聞已，皆悉受持。既受持已，一切皆當如實修學、如教奉行。既學行已，當令得不退轉於阿耨多羅三藐三菩提，現前即能具足成就如是功德及餘勝上功德等。」

爾時，世尊復告賢護菩薩言：「賢護！如汝言者，汝當諦聽！善思念之，吾今為汝分別解脫。」

賢護復言：「善哉！世尊！我深樂聞如來所說。」

佛復告言：「賢護！云何名為菩薩思惟一切諸佛現前三昧？若有菩薩具足成就此三昧者，即獲如前諸功德事，亦得其餘殊異功德。所謂心念諸佛皆現在前，其心不亂，不捨作業，求勝上智勇猛精勤，荷負重擔度脫衆生。承事供給諸善知識，常修空寂廣大思惟。親善知識滅除諸蓋，遠離惡友息世語言，塞諸根門。初中後夜減損睡眠，不貪衣服、食飲、湯藥、堂房、屋宇、床座衆具，恒樂空閑住阿蘭若。不愛己身，不重我命，不著形色，不縱其心。修以慈心，薰以悲行，一切時喜，常行捨心。破壞煩惱成就諸禪，於中思惟不著滋味。觀察色想，唯得空心，不亂正念。不取諸陰，不著諸入，不思諸界，不貪生處，調伏慢高，不妬他財，為諸世間多作饒益。於諸衆生起平等心，又於衆生生父母想，亦於衆生所作一子心。

「一切法中無有諍想，雖念持戒而不執著，常在禪定亦無躭染，好樂多聞不起分別。戒聚不缺，定聚不動，智聚不妄，諸法無疑。不背諸佛，不謗正法，不壞衆僧，不好乖離。親近衆聖，遠離愚癡，不志求出世，雖聞語言意不樂聽，亦不耽著世間六味。習近熏修五解脫法，除滅十惡念修十善。斷滅衆生九種惱處，心常不離九想觀門。常思棄捐八種懈怠，一心修習八大人覺。不著禪味不恃多聞，摧伏我慢一心聽受。求法慇重修道證知，憐愍衆生離我分別，求壽命想畢竟難得。觀察諸陰無有物想，不住涅槃不著生死。諸行煩惱輪發大恐怖想、諸陰怨家想、諸入空宅想、諸界毒蛇想、三界衰惱想、涅槃利安想。

「觀諸欲惡猶如唾涕，深樂出家不違佛教。於衆生所勸行功德，於諸世界無復染心。見一切佛皆悉現前，受一切身皆若幻夢，一切諸相觀察滅除。思惟往來不見三世，於信清淨深信真妙，念一切佛三世平等無有動轉，而能持諸善根。一切諸佛三昧自在，終不染著諸佛相身。於一切法皆悉平等，不與一切世間共諍，所可應作不相違背。通達甚深十二因緣，窮盡一切如來道地。得勝上忍入真法界，見衆生界性無生滅，見涅槃界本來現前。慧眼清淨觀法無二，彼菩提心無中無邊，一切諸佛體無差異。入於無礙清淨智門，明見菩提自然覺知，於善知識起諸佛想，於菩薩所不念乖離。已於生死破壞魔軍，一切衆事皆悉如化，見諸如來如鏡中像。應當求彼菩提之心，諸波羅蜜莫不平等，實際無盡集佛功德。賢護！是為菩薩思惟諸佛現前三昧。若有菩薩摩訶薩欲具成就如是三昧，當先成就如是功德。賢護！當知更有無量功德，然亦緣此三昧而生。」

佛復告賢護言：「是中何等三昧能生如是諸功德行？所謂菩薩思惟諸佛現前三昧，能生如是諸功德法。

「復次，賢護！云何名為菩薩思惟諸佛現前三昧也？賢護！若有比丘、比丘尼、優婆塞、優婆夷，清淨持戒具足諸行，獨處空閑如是思惟，於一切處隨何方所，卽若西方阿彌陀如來、應供、等正覺。是人爾時如所聞已，卽應自作如是想念，如我所聞，彼阿彌陀如來、應供、等正覺今在西方，經途去此過百千億諸佛國土，彼有世界名曰安樂。如是如來今現在彼，為諸菩薩周帀圍遶，處大衆中說法教化。然而是人依所聞故，繫念思惟觀察不已，了了分明，終獲見彼阿彌陀如來、應供、等正覺也。

「復次，賢護！譬如世間若男、若女，於睡夢中見種種事，所謂金銀衆寶、珍財倉庫，或見朋友諸知識輩，或見覺時心不樂者，是人夢中所對境界或違、或順、或憂、或喜，有時語言歡欣極樂，有時*慘慼盡意悲哀。是人寤已思惟憶念，如夢所見為他廣宣，追念夢中便生憂喜。如是，賢護！彼善男子、善女人端坐繫念，專心想彼阿彌陀如來、應供、等正覺，如是相好，如是威儀，如是大眾，如是說法，如聞繫念一心相續次第不亂，或經一日或復一夜，如是或至七日七夜，如先所聞具足念故，是人必覩阿彌陀如來、應供、等正覺也。若於晝時不能見者，若於夜分或睡夢中，阿彌陀佛必當現也。

「復次，賢護！譬如世間若男、若女遠行他國，於睡夢中見本居家，時實不知為晝為夜，而亦不知為內為外，是人爾時所有眼根，墻壁、石山終不能障，乃至幽冥黑闇亦不為礙也。賢護！菩薩摩訶薩心無障礙亦復如是。當正念時，於彼所有佛剎中間，凡是一切須彌山王及鐵圍山、大鐵圍山，乃至自餘諸黑山等，不能與此眼根為障，而亦不能覆蔽此心。然是人者其實未得天眼能見彼佛，亦無天耳聞彼法音，復非神通往彼世界，又亦不於此世界沒生彼佛前，而實但在此世界中，積念熏修久觀明利故，終得覩彼阿彌陀如來、應、等正覺。僧眾圍遶菩薩會中，或見自身在彼聽法，聞已憶念受持修行。或時復得恭敬禮拜、尊承供養彼阿彌陀如來、應、等正覺已，是人然後起此三昧。其出觀已次第思惟，如所見聞為他廣說。

「復次，賢護！如此摩伽陀國有三丈夫，其第一者，聞毘耶離城有一婬女名須摩那；彼第二人，聞有婬女名菴羅波離；彼第三人，聞有婬女名蓮華色。彼既聞已各設方便，繫意懃求無時暫廢。然彼三人實未曾覩如是諸女。直以遙聞卽興欲心專念不息。後因夢已在王舍城，與彼女人共行欲事，欲事既成求心亦息，希望既滿遂便覺寤。寤已追念夢中所行，如所聞見，如所證知，如是憶念來詣汝所，具為汝說者，汝應為彼方便說法隨順教化，令其得住不退轉地，究竟成就阿耨多羅三藐三菩提。彼於當來必得成佛，號曰善覺如來、應供、等正覺、明行足、善逝、世間解、無上士、調御丈夫、天人師、佛、世尊。如是三人既得忍已，還復憶念往昔諸事，了了分明也。

「賢護！彼善男子、善女人等，若欲成就菩薩摩訶薩思惟一切諸佛現前三昧，亦復如是。其身常住此世界中，暫得聞彼阿彌陀如來、應供、等正覺名號，而能繫心相續思惟次第不亂，分明覩彼阿彌陀佛，是為菩薩思惟具足成就諸佛現前三昧。因此三昧得見佛故，遂請問彼阿彌陀佛言：『世尊！諸菩薩等成就何法，而得生此佛剎中耶？』爾時，阿彌陀佛語是菩薩言：『若人發心求生此者，常當繫心正念相續阿彌陀佛，便得生也。既得生已，世尊於是知彼心故亦卽念彼，彼方得見佛世尊耳！』賢護！時彼阿彌陀如來、應、等正覺告彼人言：『諸善男子！汝當正念精懃修習，發廣大心必生此也！』賢護！時彼菩薩復白阿彌陀佛言：『世尊！是中云何念佛世尊，精懃修習，發廣大心得生此剎耶？』賢護！時彼阿彌陀佛復告彼言：『諸善男子！若汝今欲正念佛者，當如是念：「今者阿彌陀如來、應、等正覺、明行足、善逝、世間解、無上士、調御丈夫、天人師、佛、世尊，具有如是三十二相、八十隨形好，身色光明如融金聚，具足成就衆寶輦轝，放大光明坐師子座，沙門衆中說如斯法。其所說者，謂一切法本來不壞亦無壞者，如不壞色乃至不壞識等陰故，又如不壞地乃至不壞風等諸大故，又不壞色乃至不壞觸等諸入故，又不壞梵乃至不壞一切世主等。如是乃至不念彼如來，亦不得彼如來。」彼作如是念如來已，如是次第得空三昧。善男子！是名正念諸佛現前三昧也！』賢護！爾時，彼菩薩從三昧起已，來詣汝所說此三昧相者，汝時即應為彼說法隨順教化，令於阿耨多羅三藐三菩提得不退轉。」

賢護菩薩所問經卷第一

大方等大集經賢護分卷第二

隋天竺三藏闍那崛多譯

思惟品第一之二

「賢護！我時則亦授彼佛記，是人當來必得成佛，號曰德光明如來、應供、等正覺乃至佛、世尊。賢護！是中三昧誰當證知？今我弟子摩訶迦葉、帝釋德菩薩、善德天子，及餘無量諸菩薩輩，咸已修得此三昧者，是為證。云何證？所謂空三昧也。賢護！我念往昔有佛世尊，號須波日。時有一人行值曠野，飢渴因苦遂即睡眠，夢中具得諸種上妙美食，食之既飽無復飢虛。從是寤已還復飢渴，是人因此即自思惟：『如是諸法皆空無實，猶夢所見本自非真。』如是觀時悟無生忍，得不退轉於阿耨多羅三藐三菩提。如是，賢護！有諸菩薩若在家、若出家，聞有諸佛隨何方所，即向彼方至心頂禮，心中渴仰欲見彼佛，故作如是專精思惟。復應當觀如是色相，亦即作彼虛空之想，而彼成就虛空想已，得住如是正思惟中。住思惟已，得見彼佛光明清徹如淨琉璃，其形端正如真金柱，如是念者，彼見如來亦復如是。

「復次，賢護！譬如有人忽從本國至於他方，雖在他方而常追憶本所生處，曾如是見亦於如聞，如是憶念，如是了知，久追憶故，於睡夢中明見自身在本生處，遊從見聞如前所更。是人後時向諸眷屬具論夢中所見之事，我如是見，我如是聞，我如是營，為如是獲得。如是，賢護！有諸菩薩若在家、若出家，若從他聞有佛世尊，隨何方所即向彼方，至心頂禮，欲見彼佛正念不亂，應念即見彼佛形像，或如瑠璃或純金色亦復如是。

「復次，賢護！譬如比丘修不淨觀，見新死屍形色始變，或青或黃或黑或赤，或時膖脹，或已爛壞、膿血俱流，蟲獸食噉，肉盡骨白其色如珂，如是乃至觀骨離散，而彼骨散無所從來亦無所去，唯心所作還見自心。如是，賢護！若諸菩薩欲得成就彼念諸佛現前三昧，隨何方所，先念欲見彼佛世尊，隨所念處即見如來。何以故？因緣三昧得見如來。得見彼佛有三因緣，何者為三？一者、緣此三昧，二者、彼佛加持，三者、自善根熟。具足如是三因緣故，即得明見彼諸如來、應供、等正覺亦復如是。

「復次，賢護！如人盛壯容貌端嚴，欲觀己形美惡好醜，即便取器，盛彼清油、或持淨水，或取水精，或執明鏡，用是四物觀己面像，善惡好醜顯現分明。賢護！於意云何？彼所見像，於此油、水、水精、明鏡四處現時，是為先有耶？」

賢護答言：「不也！」

曰：「是豈本無耶？」

答言：「不也！」

曰：「是為在內耶？」

答言：「不也！」

曰：「是豈在外耶？」

答言：「不也！世尊！唯彼油⊙水、水精、⊙明鏡諸物，清明無濁無滓，其形在前彼像隨現，而彼現像不從四物出，亦非餘處來，非自然有，非人造作，當知彼像無所從來，亦無所去，無生無滅無有住所。」

時彼賢護如是答已。佛言：「賢護！如是！如是！如是！如汝所說。諸物清淨彼色明朗，影像自現不用多功；菩薩亦爾，一心善思見諸如來，見已即住，住已問義解釋歡喜，即復思惟：『今此佛者從何所來？而我是身復從何出？觀彼如來竟無來處及以去處，我身亦爾。本無出趣豈有轉還？』彼復應作如是思惟：『今此三界唯是心有。何以故？隨彼心念還自見心。今我從心見佛，我心作佛，我心是佛，我心是如來，我心是我身，我心見佛，心不知心，心不見心，心有想念則成生死，心無想念即是涅槃。諸法不真思想緣起，所思既滅能想亦空。』賢護！當知諸菩薩等因此三昧證大菩提。」

大集經賢護分三昧行品第二

爾時，世尊復告賢護菩薩摩訶薩言：「賢護！若諸菩薩摩訶薩具行四法，則能得是現前三昧。何等為四？一者、不壞信心，二者、不破精進，三者、智慧殊勝，四者、近善知識。賢護！是為菩薩具足四法則得成就現前三昧也。賢護菩薩摩訶薩復有四法，能具足行則能成就現前三昧。何等為四？一者、乃至於剎那時無衆生想，二者、於三月內不暫睡眠，三者、三月經行唯除便利，四者、若於食時布施以法，不求名利無望報心。賢護！是為菩薩具足四法則得成就現前三昧也。賢護！菩薩摩訶薩復有四法，能具足行則得成就現前三昧。何等為四？一者、勸他見佛，二者、教人聽法，三者、心無嫉妬，四者、勸他發菩提心。賢護！是為菩薩具足四法則得成就現前三昧也。賢護！菩薩摩訶薩復有四法成就三昧。何等為四，一者、造佛形像勸行供養，二者、書寫是經令他讀誦，三者、慢法衆生教令發心，四者、護持正法令得久住。賢護！是為菩薩具足四法則得成就現前三昧也。」

爾時，世尊為重明此義，而說偈言：

汝等當住佛法中，勿藏正言及我法，念勤精進除睡蓋，三月不坐唯經行。
食時廣說而施他，宣揚諸佛無比法，不求名聞及利養，無所著故得此禪。
莫生嫉妬及瞋恚，當思解脫諸欲心，樂此三昧求住者，勤念無懈爾乃得。
金色百福莊嚴相，端正圓滿若花榮，世間樂見光明體，常覩諸佛在現前。
往古諸佛及將來，現在一切人中勝，汝等一心恭敬禮，亦常專念修供養。
汝若供養彼諸佛，應以華香及塗香，慧施美食起淨心，證此三昧殊非難。
諸佛塔前作衆樂，*螺鼓鉦鐸諸妙音，歡喜踊躍難稱量，必當成就此三昧。
勸造尊像無比身，綵畫莊嚴具足相，金色光大無瑕垢，證此三昧良非難。
各各常念修法施，*淨持禁戒及多聞，精勤勇猛除懈怠，得此三昧終不久。
不應他所懷毒心，亦捨世間諸欲事，常以慈悲念一切，三昧豈遠在現前。
於法師所常隨喜，尊重恭敬等如來，莫生輕慢與慳貪，喜心供養除嫉妬。

無量諸佛共稱揚，汝但懃求自當得，世尊鄭重演說斯，為修如是妙法故。

大集經賢護分見佛品第三

爾時，世尊復告賢護菩薩言：「賢護！若諸菩薩摩訶薩欲得成就此三昧者，當應於彼說法師所生諸佛想，起尊重心勿生憍慢，乃至無有諍競違逆，不順心故，然後於此勝三昧中，精懃修學方能剋證。賢護！若人於彼說法法師或比丘所，起不善心、苟違思心、諍競之心、故陵辱心、諸不淨心，乃至不生如諸佛想，如是菩薩假令修行，終不能證如是妙定，若得證者無有是處。賢護！譬如清淨虛空無諸雲翳，有明目人，於靜夜時仰觀空中，無量星宿區別方所，形色各異了了分明。如是，賢護！菩薩摩訶薩思惟觀彼法性虛空，以想成故見諸如來。其事若此，然彼菩薩觀東方時，多見諸佛、多見百佛、多見千佛、多見百千佛、多見億佛、多見億百千佛、多見億百千那由他佛，不假作意自然現前。而彼菩薩既作如是觀東方已，欣觀南方及西北方四維上下，十方世界各多見佛，所謂多見百佛、多見千佛、多見百千佛、多見億佛、多見億百千佛、多見億百千那由他佛，不假功用皆現在前。

「復次，賢護！如彼阿彌陀如來、應供、等正覺，其世界中諸菩薩等生彼國者，於初一日觀察東方多見諸佛、多見百佛、乃至多見百千億那由他佛已，然後於第二日觀察南方如是，乃至十方事皆若此。如是，賢護！若菩薩摩訶薩成就菩薩思惟諸佛現前三昧，如是菩薩於自土中觀察十方多見諸佛、多見百佛、乃至多見百千億那由他諸佛也。

「復次，賢護！如諸如來成就佛眼，如是*見已，於一切處悉如是知，悉如是見。如是，賢護！若菩薩摩訶薩亦既成就菩薩思惟一切諸佛現前三昧已，自然滿彼檀波羅蜜、尸波羅蜜、羼提波羅蜜、毘梨耶波羅蜜、禪波羅蜜、般若波羅蜜，乃至滿彼一切菩薩諸功德等。」

爾時，世尊為重明此義，以偈頌曰：

猶如靜夜除雲霧，有明眼者仰觀空，見彼衆星過百千，晝念明了亦無失。

菩薩如是得定已，多見無量億千佛，復於起斯三昧後，還為大衆演最尊。
如我佛眼清淨故，無有障閡見世間，是諸佛子菩薩眼，出此三昧最勝觀。
以無相想思如來，而見十方諸等覺，破除惱毒及諸想，汝聽菩薩妙功德。
若聽彼法清涼心，能入空寂無畏處，如我當今說斯法，為令衆生證菩提。
如彼安樂諸菩薩，多見無量佛世尊，菩薩如是入思惟，亦見百千多調御。
如此比丘唯阿難，一聞我說悉能受，菩薩如是得三昧，聽一切法能總持。
成就信慚具三昧，悉捨一切世語言，常以慈心慧他說，要當到斯寂靜地。

大集經賢護分正信品第四

爾時，世尊復告賢護菩薩言：「賢護！若諸菩薩摩訶薩為求如是三昧寶故，當應勇猛發勤精進，自然速能入此三昧也。賢護！譬如有人乘御大船入於大海，恣意載滿衆妙珍寶，已過一切諸大難處，垂至此岸未幾之間，船忽破壞衆寶沈沒，當爾之時，閻浮提人發大叫聲，生大悲苦，以失如是無價寶故。賢護！有善男子、善女人亦復如是，耳聞如斯勝三昧寶，不能書寫、讀誦受持，復不能思惟如法而住。賢護！當知爾時一切世間諸天、神等，亦應如是發大叫呼，生大悲惱，作如是言：『是諸眾生深可憐愍。云何於此諸佛世尊勝三昧寶，一切諸佛之所稱揚、一切諸佛之所印可、一切諸佛之所教誡、一切諸佛最上功德、具足成就圓滿無缺，菩薩聞已當應懃求，反更遠離不肯書寫、不樂讀誦、不能受持解釋義理、不能思惟如法而住？如是放逸懈怠眾生，未來必當受大損減。』

「賢護！何等名為眾生損減？所謂於如是三昧寶中，聞已遠離，不能書寫、讀誦受持，不能解說、思惟義理，不如法住專念修行，喪滅功德是為減損。賢護！是懈怠人惡眾生輩，於斯法中得利益者，無有是處。

「復次，賢護！譬如有人持赤栴檀示愚癡人，而彼癡人以愚癡故，於赤檀香起臭穢想。時主智人賣檀香者，告愚人曰：『汝今不應於妙栴檀生臭惡想。何以故？是檀最精，香氣第一，汝今何故反為臭惡？若不信者，應先臭嘗為臭為香；又汝眼明亦應以目觀察是檀，光色文彩為瘦為肥、為善為惡。』然彼愚者，雖聞智人如是語言種種稱讚，以愚癡故轉生憎惡，以手捻鼻不用嗅聞，掩閉其目不肯觀視。如是，賢護！當來之世有惡比丘，憎惡是經，其事亦爾。彼惡人輩不知修習身戒、心慧，愚癡無智猶如白羊頑騃佷弊。彼諸惡人又薄福故，雖復得聞如是妙典正念諸佛現前三昧，不用書寫，不能讀誦，不能受持，不能思惟，不能為人宣揚廣說，又亦不能廣生隨喜，云何能得如說修行？若彼惡人能說行者，無有是處。又復聞已更興誹謗，都無信心謂為真實，雖聞多說終無開解。復作是言：『若斯法者但為戲論故神異其事，又為熾盛言教故過飾其詞，誘誑世間造斯經典，豈得方比聖者阿難諸比丘輩現在世時宣說如是諸修多羅也？』又於異時發如是言：『此修多羅非佛所說，乃是惡人自造文章妄言經耳。』賢護！當知如斯惡人，長夜遠離如是微妙無上大寶，如彼癡人見妙香已，掩眼塞鼻不用見聞。如是，賢護！彼愚惡輩，聞此妙經三昧寶已，不欲書寫，不樂讀誦，不念受持，不能宣說，所謂無心親近不願聞故。

「復次，賢護！譬如有人賣摩尼寶，有愚癡人見彼寶已，即便問言：『仁者！斯寶其價云何？』寶主答言：『汝今當知是寶精勝世間所無，非可造次以世價論也。吾今且說此寶功能威德力用，粗為約耳。卿若欲知此摩尼寶光明所照近遠若干，卿今若須當以真金布滿斯地，爾乃相與。』彼愚癡人聞是語已，便大嗤笑種種呰毀，是摩尼寶竟不酬價。

「如是，賢護！彼未來世諸惡比丘，聞此經中勝三昧寶，無有信心多生嗤笑，更興誹謗其事亦爾。或有比丘信根深厚、慧根明利，已於過去諸如來所，親近承事聽聞正法，如教修行種諸善根。彼等聞此菩薩念佛現前三昧，即能讀誦、思惟義理、為人廣說，能多利益一切世間，所謂廣宣流布，生大信心，發大智慧，成就純直，具足威儀，常行慚愧，怖畏衆罪，修持禁戒，不受諸欲，信甚深法，能多受聞，得深智忍，常行慈悲，然而斯等信根深固得是三昧。得三昧已，遊諸方國為他廣說、解釋義理，常作是願：『令此菩薩念佛三昧甚深經典，廣行流布常住於世。』」

「或有衆生，善根微薄福德尠少，過去未曾親近諸佛，供養承事聽聞正法，但為我慢所降，嫉妬所導，利養所覆，名聞所牽，廣行放逸不持戒善，常樂亂心不修禪定，遠離經教不求多聞，未遇善師唯逢惡友，斯人如是聞此三昧，誹謗輕毀無一信心，謂為不實，志性頑愚意無開解。復作是言：『如斯經典非佛所說，乃是世間鈍根比丘，愚癡邪見自作文章嚴飾詞句。若處衆中應如是說，亦如是教：汝諸衆生當知今此修多羅典非佛所說。』如是癡人，不知親近諸佛世尊，不種善根不修供養，習近惡友多作衆惡，當知是人，遠離無上深妙法寶，永失無上最勝法利也。」

佛告賢護：「吾復語汝，我今現在一切世間梵、魔、沙門、婆羅門，及諸天人、阿脩羅等諸大衆前，宣說如是妙三昧時，若彼善男子、善女人，聞已隨喜讀誦受持念佛三昧，思惟信解最以為真，發如是言：『是為真實諸佛說者。』當知彼人所獲福聚不可思議。賢護！若復有諸善男子、善女人，持滿三千大千世界種種珍寶，以用供養一切諸佛、如來、應供、等正覺，所得功德雖為廣大，然望持經所獲福聚，百千萬分不及其一，乃至更以無量無邊阿僧祇諸福德聚，亦不及一。」

爾時，世尊為重明此義，而說偈言：

邪曲愚惑人，放逸根不熟，惡友之所壞，無有正信心。
破戒造衆罪，深著於我慢，彼各言此經，非是諸佛說。
此諸修多羅，非是法王教，彼輩自意言，我何能說此！
若見大調御，世尊放光明，我為彼廣宣，彼亦能傳說。
其或於此經，聞已生歡喜，斯人無疑網，不言非佛說。
如有戒清淨，所見能了知，敬法起重心，我為此陳說。
若以三千寶，持奉諸如來，為求大菩提，其福不可說。
若有諸比丘，說佛所歎定，聞者生信心，此福過於彼。

大集經賢護分受持品第五

爾時，世尊復告賢護菩薩言：「賢護！此衆有人今在我前，親聞我說如是三昧，於我滅後其所生處，還復得聞是三昧寶，雖聞不信誹謗毀呰，遠離善友隨逐惡人。賢護！復有一人，於善人所聞是三昧深妙經典，尚不生信，不以為實，不能開解，況惡人處聞是經典，寧能生信而復開解？何以故？賢護！諸佛如來所言難信，諸佛世尊智慧難知故。賢護！若當成就如是三昧，然後乃能於當來世，與諸眾生增長佛法。復次，賢護！有諸菩薩摩訶薩若在家、若出家，聞此三昧不怖不驚，不悔不退，不謗不毀，聞已隨喜生信敬心，決定真實無復疑網，讀誦受持思惟義趣。賢護！如是等人，世尊悉見、悉知、悉識也。

「賢護！諸佛世尊云何見斯諸善男子及善女人？復云何知？又云何識？賢護！若能讀誦受持思念此三昧門，如是之人終不為惡，不破淨戒，不壞正信，不入邪聚。賢護！是諸善男子、善女人等，必定深信成就思惟，能分別成就思惟，於是法中具足信心，常能讀誦攝持是法。賢護！當知是人決不求少功德，亦不種少善根。賢護！是善男子、善女人，凡所生處或乏資須，然諸善根廣大不少。賢護！是故斯諸善男子、善女人，已於過去諸如來所，修行供養種諸善根。賢護！當知此輩非於一如來所修行供養種諸善根也，亦非於二、三、四、五乃至十如來所種諸善根也，亦非於百千億數諸如來所種諸善根也。賢護！當知此諸善男子、善女人，已於過百千數無量無邊諸如來所，修行供養種諸善根，方得聞此念佛現前三昧。聞已生信心開意解，即以為實無復疑網。既獲聞已，樂欲書寫、讀誦受持，乃至為他廣宣是義。何以故？賢護！斯諸善男子、善女人，往昔已於諸如來前，聞是三昧讀誦受持，以是義故，如來滅後於最末世五百年終，法欲滅時，法將壞時，還當得聞如是三昧。聞即生信無有驚疑，不退不沒，生大歡喜遍滿身心，讀誦、受持、思惟其義、為他解說，乃至一日一夜行是三昧。

「賢護！若復有人，聞此三昧無有驚怖，亦不退沒不生謗毀，聞已隨喜即以為實，思惟分別心開意解，但能為他暫時稱善，所獲福聚尚不可量，況能讀誦受持勤思而行，為他廣說至一日夜！賢護！當知是善男子、善女人因是事故，即便獲得過於無量阿僧祇大功德聚，遂得住於不退轉地，隨所願欲如意即成。賢護！其事雖爾，我今為汝更宣譬喻明顯此義。

「復次，賢護！譬如有人取此三千大千世界一切大地盡末為塵，復取一切草木枝葉，不問大小皆為微塵。彼人爾時於彼塵聚，取一微塵破壞分析，還令得作爾許微塵，然後復取彼一切塵，次第分析皆令等彼初微塵數。賢護！於意云何？是微塵數可謂多不？」

賢護答曰：「甚多！世尊！」

佛言：「賢護！若有善男子、善女人，取前爾許微塵數佛剎，盛滿眾寶持用布施。賢護！於意何云？彼善男子、善女人所獲福聚復為多不？」

賢護報曰：「甚多！世尊！然彼善男子、善女人因是事故，獲得過彼無量無邊阿僧祇福聚。」

佛復告言：「賢護！吾更語汝。如彼善男子、善女人，以爾許塵數佛剎盛滿七寶，持用布施獲如斯福。復有善男子、善女人聞此念佛現前三昧，暫生隨喜，信心分別以為真實，心開意解讀誦受持，乃至暫時為他解說，是善男子、善女人所獲福聚，勝前施福無量無邊、非可稱算、非可校計、非可思量。賢護！如是善男子、善女人聞此三昧生隨喜心，乃至暫時為他解說，尚獲無量無邊福聚，何況是善男子、善女人於此三昧修多羅中，如聞而信，如信而受，如受而說，如說而行也！」

爾時，世尊為重明斯義，以偈頌曰：

若以三千大千界，盛滿七寶用行檀，我說彼福雖為多，不如聞經少功德。
菩薩為求多福聚，信解讀誦復思惟，解說修行念三昧，斯後獲福過於彼。
末三千界盡為塵，復分一塵等前數，盡取如是諸塵剎，盛滿珍寶以行檀。
諸佛所讚三昧經，單以一偈為他說，我言斯人獲功德，超彼檀福不可量。
若復為他具足說，下至一搆牛乳間，思惟增廣諸善根，何況長遠無量福。
一切眾生盡作佛，淨慧終竟證彼如，假於億數多劫中，說斯偈福不可盡。
其間彼佛皆滅已，多億數劫常廣宣，終亦不盡彼福邊，緣此深經四句偈。
一切所有諸世界，四方上下及四維，滿中眾寶持與他，為求勝福奉諸佛。
彼諸功德難可量，稱計與諸世界等，其有聞受是三昧，善能宣說福過前。
若人於此無遲疑，其於諸法亦明了，彼則永絕諸惡趣，能入勝寂三昧禪。

彼若常能供養我，必受多福不思議，增長多聞證菩提，由思諸佛所讚定。
今我語汝誠實言，當念精進莫放逸，一心歡欣發勇猛，自然速證彼菩提。
彼為供養百數佛，乃能受是三摩提，假於後世恐怖時，自當速證微妙定。
若有見我與比丘，及汝大士賢護等，如是菩薩樂多聞，決定當得此三昧。
若得聞此聖三昧，為他解釋或書寫，是陀羅尼世尊歎，能證一切佛菩提。
若人善思此三昧，一切諸佛咸共稱，當得種姓及多聞，諸佛次第而演說。

大集經賢護分觀察品第六之一

爾時，世尊復告賢護菩薩言：「賢護！若諸菩薩摩訶薩即欲思惟此三昧者，當云何思？賢護！彼諸菩薩欲思惟者，即應當作如是思惟：『如我世尊今者現在天人眾中宣說法要。』賢護！菩薩如是一心思惟：『諸佛如來坐師子座宣說正法，具足成就一切相好，最妙最極殊特端嚴樂觀無厭。』如是觀察諸大人相，於一一相應當至心，即得明了見諸如來、應、等正覺。既得見已，當先諮問不見頂相。既得問已，然後次第遍觀諸相皆令明了。

「如是觀已，更復思惟：『諸佛如來衆相微妙是為希有，願我未來還得如是具足成就諸妙相身，願我未來亦得如是清淨禁戒具足威儀，願我未來亦得如是具足三昧，願我未來亦得如是具足智慧，願我未來亦得如是具足解脫，願我未來亦得如是解脫知見，願我未來成滿如是諸相身已，即得成就阿耨多羅三藐三菩提。既成佛已，亦當如是處彼天人大衆之中，具足宣說如斯妙法。』

「菩薩如是具足觀察諸佛如來，乃至成就一切種已，復應更作如是思惟：『是中何者是我？誰為我所法？誰能得成諸佛菩提？為身得耶？為心得耶？若身得者，是身頑騃無覺無知，猶如草木石壁鏡像。然彼菩提無色無形非像非相，不可見知不可觸證，云何更以頑騃無知無見無識、無所分別無作之身得彼菩提？菩提如是既無形色，非相非像，不可見知不可觸證，誰復於中而行證者？若心得者，是心無色不可得見，是心無相不可得知，此心如是同於幻化。然彼菩提亦爾，無色不可見、無相不可知、無漏無為亦同幻化。云何可證？云何覺知？而言身心得菩提耶？』彼菩薩摩訶薩如是觀時，分明了了見是身相不得菩提，亦知是心不得菩提。何以故？諸法無有以色證色、心證心故。然彼於言說中知一切法，雖無色無形無相無漏，無可覩見無有證知，亦非無證。何以故？以一切諸如來身無有漏故，又諸如來身無漏故心亦無漏，又諸如來心無漏故色亦無漏。」

賢護菩薩所問經卷第二

大方等大集經賢護分卷第三

隋天竺三藏闍那崛多譯

觀察品第六之二

「又諸如來，色無漏故受亦無漏，乃至行、識亦無漏。又諸如來，戒亦無漏，所有三昧、智慧亦無漏，乃至解脫、解脫知見亦無漏。如是乃至諸如來，諸如來所有言說，已說、今說、當說及一切法斯皆無漏也。賢護！諸如是等一切佛法，智人能達，愚者莫知。彼若能作如是觀時，一切諸法悉不可得。云何不可得？所謂誰能證也不可得。云何證也亦不可得？何緣證也亦不可得？彼能作是觀已，如是入滅寂定分別諸法，亦不分別諸法。何以故？諸法無故。賢護！如火未生，或時有人發如是言：『我於今日先滅是火。』賢護！於意云何？彼人是語為誠實不？」

賢護答言：「不也！世尊！」

佛告賢護：「如是諸法從本以來畢竟無得，云何於今乃作斯說我能證知一切諸法，我能了達一切諸法，我能覺悟一切諸法，我能度脫一切衆生？於生死中此非正言。所以者何？彼法界中本無諸法亦無衆生，云何言度？但世諦中因緣度耳！賢護！於意云何？彼如是說得為實不？」

賢護答言：「不也！世尊！」

佛告賢護：「是故彼諸善男子、善女人，若欲成就無上菩提，乃至欲成緣覺菩提、聲聞菩提者，皆應如是觀一切法。作是觀時則入寂定，無有分別非無分別。何以故？賢護！彼一切法無所有不生。然彼定有分別即是一邊，定無分別復為一邊，然此二邊所有是無寂定非無寂定，無思量處，無分別處，無證知處，無經營處，無聚集處，無思念處，無發起處。賢護！是名中道。所有數事處等但依世諦說故。

「復次，賢護！於彼真實第一義中，若中若邊皆不可得。何以故？賢護！一切諸法猶如虛空，本來寂滅，非斷非常，無有積聚，無有住處，無可依止，無相無為無有算數。賢護！彼不可數云何為有？不可數故不入於數，不入數故乃至無有智算名言也。賢護！彼菩薩磨訶薩如是觀察諸如來時，不可執著。何以故？一切法無執著故。以無處所而可執著，亦無根本是可斷絕，除滅根本故無依處。賢護！彼菩薩摩訶薩當作如是思惟諸佛現前三昧，若如是見諸如來已，不應取著、不當執持。何以故？賢護！一切諸法不可執持，猶如虛空體性寂滅。賢護！譬如金鎚安置火中，善作鑪橐融消鍊治熾然毒熱，又如鐵丸新從火出炎赫熾然，有智之人不應執觸。何以故？鐵流金熾，觸則燒然故。

「如是，賢護！菩薩觀佛不應取著，其事若此。是故菩薩觀佛色時不應生著，如是觀受乃至行、識不應生著。又彼菩薩若觀戒時亦不應著，如是觀定乃至智慧、解脫、解脫知見亦不應著。何以故？夫取著者，終不能離生死苦法，以是苦法皆由取著故。是故菩薩觀察如是諸如來時，不應生於取著之想。賢護！雖無取著，然應懃求諸佛世尊勝妙功德，所謂佛智、如來智、廣大智、自然智、自在智、不思議智、難稱量智、無等等智、一切智智。若欲求入如是智者，常當精勤思惟觀察見佛三昧也。」

爾時，世尊為重明此義，以偈頌曰：

譬如明鏡與油器，女人莊飾曜其形，愚夫於是生染心，處處馳騁為求欲。
彼於無中顛倒想，不知是法虛妄生，彼欲熾火之所燒，斯婦起欲還自發。
若有菩薩作是念，是名無智著我心，菩提甘露在當來，我拔衆生出重苦。
第一義中無衆生，世間獨有生老死，諸法無形如水月，豈有菩提而可求？
衆色形貌若鏡像，如幻如炎如虛空，凡夫著想而受羈，彼輩雖縛空無實。
若斯智者諸菩薩，知世顛倒故見真，了達無人誰受苦，彼則當成無上覺。
無意分別佛菩提，其心本來自明淨，不見生死諸滓濁，彼證真實最勝尊。
一切色法諸無漏，不可分別妄與空，滅除諸欲解脫心，如是知者證三昧。

初念諸佛無相身，後聞諸法本清淨，如是思惟無餘念，證此三昧誠非難。
常作空相而思惟，即能滅彼微塵聚，不分別成及與壞，一切外道失於中。
於一切色無分別，其眼雖覩不累心，彼見諸佛如日輪，法界世間挺超出。
其心清淨眼亦明，雖勤精進常在定，彼得多聞不可說，證此三昧真思惟。
若以不見證三昧，一切盲者應證知，亦不以見非不見，是中外道皆迷沒。
常離相想而思惟，見彼諸佛清淨心，如是見已一切觀，其人速成此三昧。
彼無地水及火風，亦非空界現前住，若欲觀察一切佛，當想處座演妙音。
如我今日宣妙法，心樂法者覩我身，彼應無復餘思惟，唯當想佛說法事。
如是專念莫他觀，為求若斯多聞故，一心觀我說此定，總持諸佛之所宣。
無有一佛在過去，亦無現世及當來，唯此清淨微妙禪，彼不可言證能說。
我於三界無上尊，為利世間故特出，念證諸佛菩提故，宣此三昧無等倫。
若欲身樂及心樂，求佛功德不思議，乃至證彼妙菩提，要當修此勝三昧。
欲淨深廣多聞海，為衆生故常勤求，彼應速去諸欲塵，要當修此勝三昧。

若欲一生見多佛，見已恭敬復諮詢，彼應速離勿生著，要當觀此妙三昧。
是處無欲復無瞋，亦無愚癡與嫉妬，又無無明及疑網，要當住此深寂禪。

大集經賢護分戒行具足品第七

爾時，賢護菩薩復白佛言：「希有！世尊！乃有如斯最勝三昧。世尊！若諸菩薩捨家出家，深心樂欲說此三昧，亦當思惟此三昧者，彼等應當安住何法而能宣說及思惟耶？」

佛告賢護言：「賢護！若有菩薩捨家出家深樂廣宣，復欲思惟如是三昧者，彼出家菩薩當先護持清淨戒行、不缺戒行、不染戒行、不污戒行、不濁戒行、不著戒行、不動戒行、不被呵戒行、智者所讚戒行、聖所愛敬戒行，應當念知如是諸戒也。賢護！彼出家菩薩云何當得清淨戒行？乃至云何當得聖所愛敬戒行也？賢護！彼出家菩薩，應當依彼波羅提木叉，成就威儀，成就衆行，乃至成就微塵數等戒行。見已驚怖清淨活命，於諸戒中當念成就。應信甚深不得著忍，於空、無相、無願諸法中，聞說之時心不驚怖，無有悔沒。賢護！以是因緣，彼出家菩薩成就如是清淨戒行，不見戒行、不著戒行乃至成就聖所愛敬戒行也。」

爾時，賢護菩薩復白佛言：「世尊！彼出家菩薩云何得有如是不清淨戒行、缺戒行、染著戒行、污戒行、依倚戒行、智所訶毀戒行、聖所不愛戒行也？」

佛告賢護菩薩言：「賢護！若有出家菩薩取著色，受持禁戒修於梵行，如是取著受、取著想、取著行、取著識，受持禁戒修行梵行。修行已，作如是念：『我今如是持戒，如是苦行，如是修學，如是梵行，願我未來得生天上或生人間自在有生受諸果報。』

「賢護！以是因緣，彼出家菩薩成就如是不清淨戒，乃至聖者所不愛戒。是謂為求有故，為有生故，為受欲果故，為生處所故。

「賢護！是故彼出家菩薩，念欲說此三昧、思此三昧者，要當先具清淨戒行乃至成就聖所愛戒，亦念常行檀波羅蜜，所謂最勝施、諸法施、上施、妙施、微妙施、精妙施、無上施，亦常勇猛精進不休。不捨重擔，不忘正念常行一心，正信清淨無有嫉妬，不著世間利養名聞。如法索求以濟形命，恒行乞食不受別請。厭離人間樂阿蘭若，尊崇聖種敬事頭陀。息世語言但論出世，處眾靜默假言不多。常敬於他不敢輕慢，於一切時常行慙愧。有恩必知，知恩必報，於善知識常念親近，諸師尊所謹事無違。若聞如是甚深經典，專心聽受終無疲厭。於法師所起慈父心、善知識心，乃至生於諸如來想，以為如是微妙法故，成就無上大菩提故，轉增愛敬尊重心故。

「復次，賢護！若彼菩薩或時至於聲聞人所，聞說如是甚深經法；彼法師所無愛敬心、無尊重心，不生慈父想，不生善知識想，不生諸佛想，不生教師想，不能親近承事供養，隨於何所聞是經典，當知是人不能聽受書寫解說令法久住。如是之人若能聽受，若能書寫若能解說，令法久住無有是處。

「復次，賢護！若彼菩薩或復至於聲聞人所，聞說如是增上妙法，不生愛敬心，不生尊重心，及至不生諸佛想，不能盡心親近供養者，若能讀誦若能受持若能解說，令是經典不速滅者，無有是處。何以故？以不尊重是經典故，是故斯法不久必滅。

「復次，賢護！若彼菩薩或復至於聲聞人所，聞說如是微妙經典，生愛敬心，生尊重心，*及起教師想諸如來想，親承供養即能聽受，亦能書寫復能解說，能令是經久住利益，斯有是處。

「復次，賢護！若彼菩薩復於聲聞人所，聞說如是微妙經典，即於彼所生尊重心，如諸佛想親近承事、恭敬供養者，如是之人雖未修學如是經典，即為修習；雖未解釋，即為解說。令是妙法久住世間，不毀不滅斯有是處。何以故？以能愛敬尊重法故，是故此經久住世間。

「賢護！以是因緣吾今語汝，是人於是說法師所，生愛樂心、生敬重心、生尊貴心，起善知識想、起教師想、起諸佛想，盡心承事恭敬供養。賢護！若能如是，是則名為行我所行，受我教誡也。

「復次，賢護！彼出家菩薩必欲解說如此三昧，復欲思惟此三昧者，常當樂行阿蘭若事，不得居處聚落城邑，捨離朋黨多求之處，不貪衣食，不得貯聚穀米食具，不得受畜財物生資，不得貪求名聞利養，不惜重命常念捨身，遠離貪著恒修死想；常行慚愧不造諸惡，攝受正法無有疑心；常念遠離不取衆相，當修慈心勿懷嫌怨；常起慈悲無行瞋恚，安心喜捨莫想愛憎常；當經行破除睡蓋。賢護！出家菩薩若能安住如是法行，則能修學解*脫思惟，如是念佛現前三昧也。」

爾時，賢護菩薩復白佛言：「希有！世尊！如來、應供、等正覺所說經典甚深甚深，最勝微妙不可思議。然彼未來諸菩薩等懈怠懶惰，雖聞如是深妙經典，生大恐怖驚疑退沒，不發歡喜愛樂之心。彼等當復作如是念：『我今當應餘諸佛所乃可修習如是經典。所以者何？我今自知多諸障難，身遇病苦氣力甚微，寧堪修行如是經典。』世尊！彼輩如是於甚深法，更生放捨遠離之心，不能發勤勇猛精進，樂欲成就如是經典。世尊！爾時，亦當有諸菩薩精進勤求專念之者，愛樂是法勸持是法，攝受是法。若諸法師說是法者，於是法中如法行故。能捨身命，不著名聞不求利養，不自宣說己身功能，不染衣鉢不樂城邑，常趣空閑出林靜處。其或聞是微妙法故生大歡喜，更當具足發勤精進，聽受如是微妙法門，常讀誦故，常念持故，思惟義故，如說行故，彼等於未來世諸如來所，非徒直欲求彼多聞，亦無但求在於有處，唯為成就諸功德故，常念勤求精進勇猛。世尊！然復應有往昔已曾供養諸佛宿種善根，諸善男子、善女人輩，發大精進為聞如是微妙法故，更發如是大誓莊嚴：『願我當得乾渴肌膚，散骨消髓燃然身心，苦行不息，必欲成就如是妙典。終無暫時懈怠懶惰，而不聽聞微妙勝法，亦無不思甚深義理，復無捨他不為宣說，而常勇猛行大精進，但為攝受諸菩薩故，聽聞如來如是妙典，聞已即便生歡喜心。』」

爾時，世尊讚彼賢護菩薩言：「善哉！善哉！賢護！如是！如是！如汝所說，我今隨喜。賢護！我隨喜故，一切三世恒河沙等諸佛世尊皆亦隨喜。」

時彼賢護菩薩復白佛言：「若有在家菩薩處於世間聞是三昧，欲自思惟即為他說，乃至一日或經一夜，是人安住幾種行法，當得成就思惟三昧為他說也。」

佛言：「賢護！彼在家菩薩處於世間，若欲修習思惟三昧，或一日一夜乃至一犂牛乳時者。吾今語汝，彼在家菩薩既居世間，當應正信不起慳貪，常念行施隨多少施，當一切施不求果報。應歸依佛又歸依法亦歸依僧，不事天神亦無禮拜。不生嫉妬常念隨喜，當須清淨如法活命。不愛兒女不著妻妾，不染居家不躭財寶，常樂出家念除鬚髮，修八關齋恒住伽藍，常懷慙愧發菩提心不念餘乘。見有持戒清淨比丘修梵行者，終無調戲常行恭敬。從誰聞學如此三昧，當於師所生愛敬心、起尊重心，善知識想、生教師想、起諸佛想，一切衆具悉以奉之。常當識恩恒思報德，以能教我微妙法故。賢護！彼在家菩薩處俗之時，應住如是諸法行已，然後教示如是三昧，如是思惟，如是修習。」

時彼賢護菩薩復白佛言：「希有！世尊！如來、應供、等正覺今乃為彼出家、在家諸菩薩輩，正信成就樂深法者，宣說如是無上妙法，令住如是無量法行，然後當得思惟、解說如是三昧。世尊！如來滅後如是三昧，於閻浮提能廣行不？」

佛告賢護菩薩言：「賢護！我滅度後，此三昧經於閻浮提四*十年中廣行於世，而後五百年末一百歲中，正法滅時、比丘行惡時、誹謗正法時、正法破壞時、持戒損減時、破戒熾盛時、諸國相伐時，當斯之際，頗有衆生熾然善根，往昔已曾親近諸佛，供養修行殖善種子，為彼諸丈夫輩得是經故，此三昧典復當流行於閻浮提。所謂佛威神故，故令彼等於我滅後，聞此經已，歡喜書寫、讀誦受持、思惟其義、為他解釋、如說修行。」

爾時，賢護菩薩及寶德離車子，聞如來說正法滅時，悲泣雨淚，從座而起整理衣服，偏袒右肩右膝著地，合掌恭敬而白佛言：「世尊！我等當於如來滅後，後五百歲末百年中，沙門顛倒時、正法欲滅時、誹謗正法時、破壞正法時、持戒損減時、破戒增長時、正法護滅時、非法護增時、衆生濁亂時、諸國相伐時，能於如來所說經典妙三昧中，讀誦受持、思惟義理、為他廣說。何以故？我心無厭終不知足，是故我於如來所說修多羅中，能聽聞故，能書寫故，能讀誦故，能受持故，能思惟故，能修行故，能廣說故。」

爾時，商主優婆塞、伽訶岌多居士之子、那羅達多摩納等，聞如來說未來世中正法壞滅，為正法故悲哀泣淚。從坐而起整理衣服，偏袒右肩，右膝著地，恭敬合掌而白佛言：「世尊！我等能於如來所說妙修多羅，及能受持修多羅者，我皆攝護令得增長。世尊！我今復為如來所說微妙經典，作其加護，令得廣宣久住於世。何以故？以是經典能於無量阿僧祇劫，多所成就阿耨多羅三藐三菩提故。世尊！我等得聞未曾有法，至心受持、思惟其義、為他解說廣行流布。世尊！我今聞此甚深經法一切世間無有信者，我先為其造善根器，然後為解。」

爾時，衆中有五百比丘、比丘尼、優婆塞、優婆夷、四部衆等，聞如來說未來世中正法壞滅，為正法故悲泣雨淚。從坐而起整持衣服，偏袒右肩，右膝著地，恭敬合掌而白佛言：「世尊！我等受持如來正法，然諸大士善丈夫輩，爾時於我當作正依、當作覆護，為我經理，能令我等於如來所說如是甚深修多羅中，取真實義如法修行。唯願世尊付囑我等諸善丈夫分明立記。何以故？世尊！我及彼等皆能護持攝受正法及攝受者故。」

爾時，世尊即便微笑放金色光，其明遍照十方世界諸佛國已還至佛所，右遶三匝從頂上沒。爾時，尊者阿難作如是念：「世尊昔來已多微笑，然於笑時必為異事，我今應問微笑因緣。」如是念已，即從坐起整持衣服，偏袒右肩右膝著地，合掌向佛，以偈白言：

其心清淨行無穢，有大威德巨神通，一切最尊世中上，顯現無垢如明月，
無礙聖智解脫心，迦陵伽聲天中最，一切異輪莫能動，今忽微笑有何緣？
通達正真為我說，能多利益兩足尊，聞是如來微妙音，一切皆當大歡喜。
諸佛世尊豈虛笑，佛復放光有勝人，誰於斯日獲大利？是故今應宣笑旨。
誰於今日得證真？誰於今日受法王？誰於今日自灌頂？誰於今日登佛位？
誰於今日利世間？誰當總宣佛法藏？誰於佛智得常住？以是尊應顯笑緣。

爾時，世尊即以偈告長老阿難曰：

阿難汝見大集不？攝護五百從坐起，身心歡喜發誠言，我輩當來獲斯法。
此等一心瞻察我，我於何時亦復然，咸於我前興大誓，我輩當來證斯道。
復有八輩從坐起，五百上首此為尊，彼於末世法壞時，為世間法故宣說。
我今告汝如是言，於此衆中無礙智，是輩非於一佛所，起立合掌敬諸尊。
我觀往昔無量世，八萬諸佛皆現前，八人為首從坐起，還為護持是妙法。

前此八萬億由他，復值如是數諸佛，心得解脫大名稱，彼時此輩已攝持。
今復於我勝法中，能為攝護利益首，教化無量菩薩衆，斷除嫉妬諸大人。
此等於我滅度時，取我舍利興供養，善持我斯諸佛事，安置篋笥遍十方。
平地造塔或在山，付囑天龍及金鳥，斯等依仗於此經，壽終皆得生天上。
後雖轉生於人間，而常不離勝家姓，善持我斯菩提事，還發大願隨本心。
或時為法至他國，恒值如是深妙典，得已轉授衆多人，以歡喜心除嫉妬。
求法精誠無懈倦，輕財賤命豈愛身，降伏一切諸外論，常以妙法惠施彼。
時世無能受斯經，亦無讀誦轉教人，唯有此輩五百賢，今於我前從坐起。
復此八士諸菩薩，當來北天授斯法，樂恒廣宣多利益，弘是甚深修多羅。
此八正士為上首，彼五百數復無增，遠離嫉妬棄名聞，來世當授廣大法。
如是比丘及尼輩，諸優婆塞優婆夷，巧智無妬登法師，當成正覺大威德。
彼不思議神德具，百福之體相莊嚴，得微妙樂除衆苦，長拔三毒煩惱根。
此等從今捨命已，終不受生惡道中，一切生中常和合，所遇菩提最勝事。

既捨一切惡趣生，亦能永離諸難處，功德不可知邊際，如是無量受多福。
復當得見彌勒佛，於彼常起和合心，恭敬供養利益他，唯求無上菩提故。
彼時此輩恒集會，承事超世兩足尊，為此諸佛妙菩提，當度生死登彼岸。
於後末世法壞時，彼等亦常持此法，如是所處恒修行，遇彌勒世事若斯。
所可於此賢劫內，廣為利益世間燈，彼一切處護是經，安住三世無所畏。
將來億數多諸佛，不可思議難得邊，斯皆供養廣修行，常護如是勝佛事。
其有在前成菩提，彼彼咸同修供養，而或於先取滅度，我住多世那由他。
今此賢護大菩薩，及是寶*德出衆珍，商主岌多伽摩那，當見恒沙無數佛。
於彼亦受無上經，前已經歷多劫數，妙算不能盡其形，無量億劫誰能知。
若有衆生得聞名，或於覺時及睡夢，能發勇猛師子吼，彼輩皆得天人尊。
若有衆生但聞名，直能信敬及隨喜，一切作佛無疑慮，何況供養於彼身！
其所受法不思議，壽命住法亦無量，利益廣大無窮盡，功德智慧不可知。
彼過去佛難思量，清淨持戒亘沙數，此輩於彼廣行施，唯求無上佛菩提。

彼諸功德不可數，多劫宣說莫能窮，於菩提中無增減，常念護持是經法。
阿難若人護此經，書寫讀誦及憶念，汝應決定興愛敬，終不離是五百中。
阿難若人持此經，自當勤心求堅固，淨持禁戒捨睡眠，決定得斯妙三昧。
我毘尼處說木叉，諸比丘學居蘭若，若能頭陀不捨離，得此三昧定無疑。
一切別請盡能捨，凡是美味皆斷除，師所常起諸佛心，誰云不證斯三昧？
貪恚癡患先覺知，我慢嫉妬咸遠離，情無垢著念無為，讀誦思惟勝三昧。
清淨意處無可染，調伏諸根息怨嫌，一心專念如來身，讀誦受持妙三昧。
若有菩薩在居家，心常堅住出家事，受持讀誦口業成，心常念學此三昧。
恒應修持五種戒，亦常數受八戒齋，常住寺廟捨資生，讀誦思惟此三昧。
不當耽著衆婦妾，勿愛兒女及珍財，住優婆塞行羞慚，但當憶持此三昧。
莫於他所起害心，唯思除去諸調戲，無處可著住於忍，但念思惟此三昧。
莫於財物生執著，花香塗粉及諸鬘，無處染著安彼忍，但當受持此三昧。
若比丘尼求此經，當勤歸敬除嫉妬，調戲貢高及我慢，證彼菩提亦不難。

應發精進破睡眼，一切諸求皆當斷，心愛樂法淨命存，唯當讀誦此三昧。
心常不共貪欲俱，莫起恚恨無迫惱，不以魔縛繫衆生，唯當受持此三昧。
無以諂曲有所為，勿貪好衣及塗薰，莫行兩舌離別他，唯當受持此三昧。
男女聲色不繫念，寂絕無諸邪念事，於教師所生佛想，唯當受持此三昧。
所生永離衆惡道，於佛法中不空信，破除三有諸障礙，要當受是三摩提。

賢護菩薩所問經卷第三

大*方等☆大集經賢護分卷第四

隋天竺三藏闍那崛多譯

稱讚功德品第八

爾時，賢護菩薩及寶得離車子、善商主長者、伽訶岌多居士子、那羅達多摩納、水天長者與五百徒衆等，聞佛所說皆大歡喜，即以五百上服奉覆世尊，復以多種供具供養世尊，心樂法故各以己身奉承如來。

爾時，世尊告阿難言：「是賢護菩薩當於彼等五百徒衆，而作義師說諸法要，教化慰喻令彼歡喜。以歡喜故，彼輩即得隨順之心、真實之心、清淨之心、離欲之心，除諸煩惱無復蓋纏。」

時五百人一心合掌，恭敬頂禮退住一面。爾時，賢護即白佛言：「世尊！菩薩摩訶薩具足幾法，而能得此念佛三昧也？」

爾時，世尊告賢護言：「賢護！若菩薩摩訶薩具足四法得是三昧。何等為四？一者、不著一切外道語言，二者、不樂一切諸愛欲事，三者、常不遠離頭陀功德，四者、常厭三界諸有生處。賢護！是為菩薩摩訶薩具足四法得此三昧。

「復次，賢護！若有善男子、善女人讀誦受持是三昧典，或時復能為他解說，現前即獲五種功德。何等為五？一者、一切衆毒不能損害，二者、一切兵仗不能破傷，三者、一切諸水不能漂沒，四者、一切猛火不能焚燒，五者、惡王縣官不能得便。所以者何？由是三昧慈心力故。賢護！若彼善男子、善女人一心勤求是三昧時，讀誦受持是三昧時，思惟修習是三昧時，為他解釋是三昧時，若有衆毒及以兵仗、一切水火、惡王縣官能傷害者，無有是處。

「復次，賢護！假使世間壞劫之火，世間炎赫天地洞然，若彼受持此三昧典，諸善男子及善女人設令墮落大劫火中，三昧威神彼火即滅。賢護！又如罌水能滅小火。如是賢護！假使持經諸善男子及善女人落彼火中，三昧力故大火隨滅，若不滅者，無有是處。

「復次，賢護！若彼善男子、善女人受持經時，若彼惡王、若惡官、若劫賊、若師子、若虎狼、若蛇毒，若能作障礙者，無有是處。又設彼等行是經時，若被夜叉、若羅剎、若餓鬼、若鳩槃茶，若毘舍闍乃至一切非人能為障礙，亦無有是處。又若彼男子、女人讀誦經時、正思惟時、為他說時、入三昧時、行梵行時，若失衣若失鉢，乃至有諸障礙事者，無有是處。唯除宿殃不可轉者。

「復次，賢護！若彼受持三昧經典諸善男子、善女人輩，若患眼、若患耳、若患鼻、若患舌、若患身、若患心，復有諸餘種種患難，乃至命難、梵行難者，亦無是處。復次，賢護！若彼男子、女人於此經中，得如是聞，得如是見，得如是知，如是具足已，若不值佛、若謗正法、破和合僧、背佛菩提者，亦無是處。賢護！當知即彼持經男子女人，加上諸事莫能為礙，唯除宿殃不能轉耳。

「復次，賢護！彼善男子、善女人持是經者，常為一切諸天稱讚，亦為一切諸龍稱讚，又為一切夜叉稱讚，又為一切乾闥婆等之所稱讚，又為一切阿脩羅等之所稱讚，又為一切迦樓羅等之所稱讚，又為一切緊那羅等之所稱讚，又為一切摩睺羅伽之所稱讚，又為一切人非人等之所稱讚，又為一切四大天王之所稱讚，又為一切帝利天王之所稱讚，又為一切大梵天王之所稱讚，如是乃至常為一切諸佛世尊之所稱讚也。

「復次，賢護！又彼諸善男子、善女人持是經者，常為一切諸天愛敬。如是乃至常為一切諸龍、夜叉、乾闥婆、阿修羅、迦樓羅、緊那羅、摩睺羅迦、人非人等之所愛敬。又為一切四天大王之所愛敬，如是常為一切帝利天王乃至一切大梵天王之所愛敬。如是常為一切諸菩薩輩乃至一切諸佛世尊之所愛念也。

「復次，賢護！又彼諸善男子及善女人以經力故，常為一切諸天守護。如是常為一切諸龍、夜叉、乾闥婆、阿修羅、迦樓羅、緊那羅、摩睺羅伽、及人非人之所守護。又為一切四天大王、如是帝利天王乃至大梵天王之所守護。如是當為一切諸菩薩輩乃至一切諸佛世尊悉皆覆護，十方世界無量阿僧祇世界中現持法者。

「復次，賢護！又彼諸善男子、善女人以經威力故，一切諸天皆欲見之。如是一切諸龍、夜叉、乾闥婆、阿修羅、迦樓羅、緊那羅、摩睺羅伽、及人非人等皆思欲見。又彼一切四天大王，如是一切忉利天王乃至一切大梵天王皆思欲見。如是一切諸菩薩輩乃至一切諸佛世尊各欲見之。

「復次，賢護！又彼諸善男子、善女人以經威故，一切諸天常至其所親見其形，令彼觀覩。如是一切諸龍、夜叉、乾闥婆、阿修羅、迦樓羅、緊那羅、摩睺羅伽、人非人等皆見其形，隨宜利益。又彼一切四天大王，帝利天王乃至一切大梵天王等皆親臨視。如是一切諸菩薩輩乃至一切諸佛世尊，非但晝日或於夢中為現形像，自稱名號摩頂慰安稱揚勸發也。

「復次，賢護！又彼諸善男子、善女人雖未曾聞諸餘經典，以是三昧威神力故，自然有人來至其所，乃至夢中為其宣說，令彼得聞憶持不失也。

「復次，賢護！我若說彼諸善男子及善女人，暫持三昧微妙經典所得功德，設經劫數終不能盡，我之智辯雖復無窮亦不能說，何況彼輩聞此三昧依教修行如法而住也！」

爾時，世尊為重明此義，而說偈曰：

若人有能解釋斯，諸佛大寂勝三昧，假令我今說功德，猶彼恒河取一沙。
若能為他說三昧，水不能溺火不燒，刀杖毒害所不傷，王賊惡官不得便。
若能讀誦三昧經，不畏一切恐怖事，如彼大蛇諸大毒，此等經力能滅除。
若有受持是經典，不畏一切諸惡人，夜叉羅剎及諸龍，彼徒終無得其便。
若常守護供養者，便在蘭若為朋類，師子虎狼諸獸等，犀牛豺豹及野干。
若能護持此三昧，彼有威力不可當，遠離一切惡心人，及諸夜叉噉精氣。
若能解說此三昧，彼無諸病及障災，所生報眼終不衰，言詞清妙有大辯。
若人證知深寂禪，身體雄健無眾病，一生永絕諸惡色，後終不畏地獄道。
若有能讀三昧典，諸天守護及龍神，夜叉羅剎與怨仇，彼雖惡臨不驚懼。
若能為他說斯經，*天龍夜叉皆歡喜，諸天晝夜常歌歎，一切世尊愛若子。
若人為他常轉讀，一切法中無有疑，彼諸容色無等倫，豈於菩提有退減。

若能轉教諸衆生，遭值惡王民人亂，時年亢旱穀價貴，終無受弊及飢荒。
若人解說此三昧，所有功德不思議，假雖魔嬈諸衆生，不能動斯一毛髮。
我前說彼持經人，衆患恐怖及煩惱，彼終不能加損害，唯除往業先定殃。
若有護持於此經，是則於吾為長子，我已稱讚於彼等，當來之世亦復然。
若能護持如斯法，自應恒發歡喜心，咸共宣通勿放捨，我今為汝如是說。

大集經賢護分饒益品第九

爾時，世尊復告賢護菩薩言：「賢護！我念往昔過於無量阿僧祇劫，時有一佛，號無畏王如來、應供、等正覺、明行足、善逝、世間解、無上士、調御丈夫、天人師、佛、世尊，出興於世。當爾之時，有長者子名須達多，與二萬人俱詣彼佛無畏王所。到已頂禮彼世尊足，敬禮畢已退坐一面。時須達多即便請彼無畏王如來，廣宣如是三昧深義。賢護！爾時，彼無畏王如來、應供、等正覺知長者子有深信心，樂欲聽聞如是三昧，應時隨順而為敷演。

「賢護！時須達多於彼佛所聞三昧已，讀誦受持、思惟其義、即如說行。既修行已，還即於彼無畏王如來法中捨家出家，剃除鬚髮、服架裟衣，經八萬歲思惟住持如是三昧。又復在彼無畏王如來所，聞一切法皆悉受持，是後復經諸如來所，聞說斯法亦皆能持，於諸佛所種諸善根，能廣成就不思議已，然後捨命即得上生三十三天同受果報。即彼劫中還復值遇第二如來，而彼如來從剎利生出家成道，名曰電德如來、應供、等正覺。而復於彼電德如來法中，出家修行經八萬四千歲，還復思惟如是三昧。而更值遇第三如來，彼第三佛於婆羅門家生已亦出家成道，號曰光王如來、應供、等正覺。復於彼如來所出家修行，亦於八萬四千歲中，常得思惟如是三昧。

「賢護！時彼長者子須達多自是之後過百餘劫，即得成就阿耨多羅三藐三菩提。賢護！汝應當知，爾時彼長者子須達多者豈異人乎？即彼過去然燈如來、應供、等正覺是也。賢護！是故當知，彼長者子須達多者，以有如是愛樂法故，復有如是求法行故，能速成就阿耨多羅三藐三菩提也。

「復次，賢護！汝今當觀是三昧王，為諸菩薩及眾生輩，而作幾許大弘益事，所謂當得一切諸佛智地故，復能攝受一切諸佛多聞海故。賢護！是故汝等當應勤求如是三昧，常樂聽聞、讀誦受持、思惟修行。既聞受已，當復為他讀誦受持、解釋義理，令他勤求咸得聞受，正念思惟如說修行。所以者何？賢護！若能勤求讀誦受持、正念修行，廣宣流布是三昧者，不久當得證諸佛智、諸如來智、大自在智、不思議智、不可稱智、無等等智、一切智智，乃至得彼不共他智故。

「賢護！若復有人能善宣說彼應正言，今此三昧即是一切諸菩薩眼、諸菩薩父、諸菩薩母、能與一切諸菩薩輩諸佛智者。賢護！如是說者是為善說時善說是三昧也。

「賢護！若復有諸男子、女人能善說時，彼當正言是三昧者，即是佛性，即是法性，即是僧性，即是佛地，是多聞海，是無盡藏頭陀，是無盡藏頭陀功德，是無盡藏諸佛功德，是無盡藏能生深忍，是能生大慈、能生大悲、能生菩提也。賢護！是為彼能善說時說是三昧也。

「賢護！若復有人能善宣說是三昧時，彼應正言是三昧王能破一切諸法黑闇，能作一切大法光明。賢護！是為彼能善說三昧也。賢護！汝宜觀此菩薩念佛現前三昧，為諸眾生作大利益，乃至一切諸菩薩輩，住於此土，遍見十方一切世界諸佛世尊，到諸佛所恭敬禮拜，聽聞正法供養眾僧，亦不貪著。

「賢護！以是義故，諸菩薩等若欲成就三昧王者，常當專心精勤觀察彼四念處。賢護！云何菩薩觀四念處？賢護！菩薩摩訶薩常當專心觀察身行，畢竟不見一切諸身；常當專心觀察受行，而亦不見一切諸受；常當一心觀察心行，而亦不見一切諸心；常當一心觀察法行，而亦不見一切諸法。賢護！如是等事誰能信者？唯彼漏盡阿羅漢及以阿毘跋致諸菩薩等。賢護！是中一切愚惑凡夫，於彼念佛現前三昧，常當思惟諸佛世尊不得生著，又亦思惟諸佛世尊說如斯法，而亦不著，又亦思惟我聽聞法，一切所為皆不得著。何以故？賢護！諸法皆空，本來無生故。賢護！諸法不可念，無念處故。賢護！諸法遠離，絕心想故。賢護！諸法不可執持，真如無得故。賢護！諸法無染，如虛空故。賢護！諸法清淨，遠離眾生故。賢護！諸法無濁，因緣滅故。賢護！諸法無為，福伽羅不可得故。賢護！諸法即涅槃相，本性清淨故。賢護！諸法無所有，一切物不可得故。

「賢護！是故諸菩薩等，若欲思惟此三昧者，不可異相而能得入無得相故。得見諸佛正念諸佛和合相應，亦得思惟助菩提分，念聞正法思量分別選擇菩提分，而不見自身亦不證諸法。所以者何？賢護！是中不可以色相故而得見佛，不可以聲相故而得聞法，不可以希望心成就檀波羅密，不可以樂著諸有具足尸波羅蜜，不可以慳悋秘法而得涅槃，不可以深著福伽羅想而獲多聞，不可以攀緣諸行而能遠離諸事，不可以樂著住處而得證果，不可以隨順貪愛誡諸過非，不可以常樂鬪諍成就諸忍，不可以常行惡業而得善果，不可以聲聞乘人而證菩薩念佛三昧。亦不可得諸菩薩忍，亦不可以嫉妬取著而得空三昧，亦不可以行愛欲而入奢摩他，亦不可以懈怠懶惰證諸聖道，乃至不可以不捨異念諸物而能成就思惟也。賢護！是故，我今以此三昧付囑世間諸天王輩，受持守護，亦付於汝，當來宣布勿令斷絕。」

於是世尊說斯法時，有八那由他欲色界諸天子，皆發阿耨多羅三藐三菩提心。復有無量百千人，亦發阿耨多羅三藐三菩提心。然而斯輩皆於未來過恒沙劫，盡得成就阿耨多羅三藐三菩提，皆同一號，名正解脫如來、應供、等正覺，住世教化壽命亦等。賢護！以斯初發菩提心故，尚得如是無量功德，具足成就阿耨多羅三藐三菩提，況復我昔行菩提時供養我者，彼寧不速成就阿耨多羅三藐三菩提也？賢護！復有無量無邊衆生，聞說此法得淨智眼。復有八百諸比丘等，於諸漏中心得解脫。

爾時，世尊為重明此義，而說偈言：

誰當受持此三昧？彼於福聚不可量，斯等戒行無塵垢，本心清淨猶如鏡。
誰當受持是三昧？多聞深廣無邊崖，智慧自然無缺減，功德盛滿若明月。
誰當受持是三昧？得覩諸佛不思議，智慧觀察希有法，不思議人皆守護。
誰常受持此三昧？曾見無量諸世尊，彼佛說法難稱量，皆當奉承修供養。
誰能受持此三昧？彼為世間作燈光，大悲如斯拔衆*苦，所有世尊悉供養。

誰能受持此三昧？未來無數諸聖尊，若有菩薩欲見者，清淨信心修供養。
誰能受持此三昧？彼勝得利難思議，善能下生於人間，常得出家善求食。
誰能護持此三昧？彼受多福不思議，復能住持於將來，獲斯功德最後利。

大集經賢護分具五法品第十

爾時，賢護菩薩從坐而起，整理衣服，偏袒右肩，右膝著地，恭敬合掌而白佛言：「世尊！唯願世尊及比丘僧，明日食時臨顧我家，受我供養，憐愍我等諸衆生故。」世尊默然受賢護請。

時彼賢護知佛受已，頂禮尊足右繞三匝，於是辭還。遂復詣彼摩訶波闍波提比丘尼所，到已頂禮波闍波提比丘尼足，而即白言：「願阿梨耶及諸尼衆憐愍我故，受我明朝所設微供。」爾時，摩訶波闍波提比丘尼默然受請。賢護知已，頂禮辭還。

時彼賢護復詣寶德離車子所，語寶德言：「寶德！汝來！汝之所有親戚眷屬朋友知識，及此會中優婆塞眾，乃至一切王舍大城，及以自餘城邑聚落諸新來者，為我請曰，受我明朝所設飯食。」

爾時，寶德離車童子受賢護言，即告會中諸優婆塞親戚眷屬等曰：「仁輩！當知彼賢護菩薩令我告汝：『明日食時受我微供。』」

爾時，賢護菩薩、寶德離車子、及善商主長者、伽訶岌多居士子、那羅達多摩納水天長者，并及一切諸餘眷屬、朋友、知識等，頂禮佛足已，還彼賢護菩薩舍宅。到已佐彼賢護經營，即於其夜約勅家人，辦具諸種精妙上饍，所謂世間凡可食噉，色香美味百物備有，乃至外國遠來貧窮乞丐，亦為辦具種種精膳而供給之，與諸大眾一等無異。所以者何？凡諸菩薩心無憎愛，不敢輕他，於諸眾生皆平等故。

爾時，娑婆世界主大梵天王，乃至忉利天王釋提桓因、四天大王提頭賴吒等，及彼善德天子與諸眷屬，咸為人身贊助其事，欲令賢護菩提果報速成就故。

爾時，賢護與諸眷屬、善友、知識等掃灑其家，乃至王舍大城街巷道路，處處皆悉懸妙幡蓋，廣設種種諸莊嚴具而莊飾之，又以諸種微妙華香布散其地，復燒世間第一名香而為供養。

時，彼賢護如是莊嚴王舍大城及妙食已，於明旦時，與諸眷屬詣世尊所，頭面禮敬而啟白言：「世尊！我事已辦，願知此時。」

爾時，世尊於晨朝時，為賢護故，著衣持鉢，與彼無量比丘、比丘尼、優婆塞、優婆夷、天人大眾，左右圍遶，向彼賢護菩薩舍宅。於是賢護發如斯念：「我家隘小不受多眾，自非世尊威靈加護，令宅寬廣盡為琉璃，令諸城內一切人民莫不明見，亦令今此天人大眾隨意受用無所乏少，不亦快乎！」

爾時，世尊知彼賢護心所念已，即以神力令其家宅嚴麗寬廣，所有眾具變成琉璃，亦令城內一切人民皆得覩見分明顯了，足令大眾隨意用之。

爾時，世尊入賢護宅，隨其床座安詳而坐，亦令一切諸比丘、比丘尼、優婆塞、優婆夷、人天大眾，隨其部類次第而坐。時彼賢護及寶德離車子、善商主優婆塞、伽訶岌及多長者子、那羅達多長者子，既見世尊，與彼四部天人大眾皆安坐已。於是賢護躬以自手，持最妙食奉上世尊。世尊受已，然後授與諸四部眾及與一切天人大眾，種種上妙香美味食，咸令自恣悉皆豐滿。如是一切飯食斯畢，澡手漱口乃至洗滌鉢器持舉皆竟。賢護於是別置小座，在世尊前頭面頂禮，然後退坐一心瞻仰。

爾時，世尊即為賢護菩薩、及寶德離車子、善商主優婆塞、伽訶岌多長者子、那羅達多摩納等，乃至四部天人大眾等，如應說法令其解知，開導慰喻令其歡喜，然後與諸比丘、比丘尼、天人大眾歸還本所。

時彼賢護菩薩後食畢已，將諸眷屬善友知識，及百千眾左右圍繞，至世尊所恭敬禮拜，退坐一面胡跪合掌，而白佛言：「世尊！菩薩摩訶薩具足幾法，當能證此現前三昧？」

佛言：「賢護！菩薩若能成就五法，則便得此現前三昧。何等為五？所謂一者、具甚深忍滅除至盡，二者、實無所盡無有盡處，三者、本無有亂滅除諸亂，四者、本無有垢滅除諸垢，五者、本無有塵斷離諸塵。賢護！是為菩薩摩訶薩具足成就無生忍故，而能得此現前三昧。

「復次，賢護！菩薩摩訶薩復有五法能得三昧，一者、深厭諸有不受諸行，二者、一切生處念菩提心，三者、所生常見諸佛世尊，四者、終不躭著陰、界、諸入，五者、終不愛著受欲樂事。賢護！是為菩薩摩訶薩具足五法成就三昧。

「復次，賢護！菩薩摩訶薩復有五法能得三昧。一者、常當思念無邊際心，二者、常能善入禪定思惟，三者、分別思惟一切諸法，四者、於諸衆生無有諍心，五者、常以四攝攝受衆生，所謂布施、愛語、利行、同事。賢護！是為菩薩摩訶薩具足五法成就三昧。

「復次，賢護！菩薩摩訶薩復有五法能得三昧。一者、於諸衆生所常行慈心，二者、於一切時念修聖行，三者、常行忍辱，見破戒者恒生敬心，四者、於自和上阿闍梨所不說己能，五者、於一切處不敢輕他。賢護！是為菩薩摩訶薩具足五法則能證是現前三昧。

「復次，賢護！菩薩摩訶薩復有五法能得三昧。一者、常依聖教如說修行，二者、清淨意業滅身口惡，三者、清淨戒行斷除諸見，四者、常求多聞深信諸善，五者、常念如來、應、等正覺。賢護！是為菩薩摩訶薩具足五法則能獲得現前三昧。

「復次，賢護！菩薩摩訶薩復有五法能得三昧。一者、常行大施，能為施主不起慳貪、心無嫉妬，弘廣心施純直無諂，於諸沙門及婆羅門、貧窮孤獨、一切乞人無所愛惜，無有勝上可重之物而不施者，所謂一切微妙飲食，名衣上服第一房舍，諸種敷具燈燭花香，凡所受用皆悉捨之；雖常行施而不求報，憐愍一切無疑惑心，既施之後終無變悔。二者、常為施主而行法施，所謂常為眾生說如斯法，所謂第一最上、最勝、最妙、最精；修行如是大法施時，能出一切無礙辯才，文義次第相續不斷；如來所說甚深法中，皆能安住成就深忍；或時被他誹謗罵辱捶擊鞭打，終無瞋恨穢濁毒心，亦無驚懼種種苦惱，而心無畏常懷歡喜。三者、若聞他說此三昧時，至心聽受、書寫讀誦、思惟其義、廣為他人分別演說，令是妙法久住世間，終無秘藏使法疾滅。四者、常無嫉妬遠離諸惱，棄捨蓋纏斷除塵垢，不自稱譽亦不毀他。五者、於諸佛所常重信心，於諸師長常行敬畏，於知識處常生慚愧，於諸幼稚常懷慈憐，乃至受他小恩尚思厚報，何況人有重德而敢輒忘！常住實言未曾妄語。賢護！是為菩薩摩訶薩具足五法則能獲得如是三昧。」

爾時，世尊為重明此義，以偈頌曰：

若於深法心欲樂，厭離一切諸後有，智者不願一切生，若能如是得三昧。
不用一切諸外論，乃至語言不聽受，永斷世間諸五欲，若能如是證三昧。
清淨持戒住梵行，所生不念諸女人，深厭五欲真佛子，若能如是證三昧。
常行大施不求報，亦無住著悔恨心，一捨已後不重緣，唯當攝念思諸佛。
憐愍眾生行施時，決定除疑無變退，安住調柔而修施，若能如是得三昧。
若於財施為大主，無有憍慢嫉妬心，行一切施常踊躍，若能如是得三昧。
又於法施為上首，善解微妙修多羅，能知甚深寂滅法，若能如是得三昧。
安住甚深諸法中，善能堪忍無嫉妬，雖被撾罵無惱恨，若能如是得三昧。
或時聞說此經典，書寫讀誦巧廣宣，唯為法住利世間，若能如是得三昧。

於諸法中不秘悋，不求利養及名聞，但為紹隆諸佛種，若能如是證三昧。
遠離睡眠與衰惱，除斷嫉妬及蓋纏，不自稱讚輕毀他，能滅我相得三昧。
正信諸佛及法僧，常行誠心無欺誑，不忘一切諸恩報，彼證三昧無艱難。
若能真說無妄言，凡有所行亦不失，所作雖微獲報廣，彼於證法無障礙。
若人有能具斯法，清淨持戒護有恩，彼得菩提尚不難，何況甚深微妙定！

大集經賢護分授記品第十一

爾時，世尊告賢護菩薩言：「賢護！我念往昔過於無量阿僧祇，復過無量阿僧祇劫，初於然燈佛世尊所聞此三昧。聞已即證如斯三昧，見諸如來常現在前。從是已來經於無量阿僧祇諸世尊所，皆受是經修行供養，彼佛世尊授我記曰：『摩納！汝於來世當得作佛，號釋迦牟尼如來、應供、等正覺、明行足、善逝、世間解、無上士、調御丈夫、天人師、佛、世尊。』賢護！汝輩亦當專精一心，思惟修習如斯聖法，非是凡夫所見境界，甚深寂靜衆相滅處。如是學已，未來自然成就阿耨多羅三藐三菩提無有艱難，如我不異。汝等當知，若有安住是三昧者，自然當得近大菩提。」

爾時，世尊為重明此義，以偈頌曰：

我昔遇彼然燈佛，見已即得三摩提，從是常覩諸如來，足具功德大名稱。
汝但多集諸功德，一切專念即得成，若人能行此法中，當得無上菩提道。

大集經賢護分甚深品第十二

爾時，賢護菩薩復白佛言：「世尊！云何思惟如是三昧？」

佛言：「賢護！若有善男子、善女人念欲思惟此三昧者，觀彼色時不應取著，於彼聲中不應取著，於彼香中不應取著，於彼味中不應取著，於彼觸中不應取著，於諸法中不應取著，於諸生中不應取著，於一切處不應取著，於是法中當起真實大慈行也。是中何等名為三昧？所謂於一切法中如法行故。若諸菩薩觀念處時當應如是：觀察身行終不分別見身行處，觀察受行亦不分別見受行處，觀察心行亦不分別見心行處，觀察法行亦不分別見法行處。菩薩當應如是觀察思惟三昧。何以故？賢護！彼菩薩觀身行時，於身不起思惟分別；觀受行時，於受不起思惟分別；觀心行時，於心不起思惟分別；觀法行時，於法不起思惟分別故。所以者何？一切法不可得故。如是諸法既不可得，云何當有分別思惟？賢護！是故一切法無有分別。無分別者，無有思惟；無思惟者，當知彼中無法可見。賢護！無可見故便為無礙。一切法中無障礙故，即是菩薩現前三昧。菩薩成就是三昧故，即得覩見無量無數過阿僧祇諸佛世尊，并所宣說皆悉聽聞，聞彼法已咸能受持。彼諸如來、應、等正覺，所有一切無礙解脫、解脫知見亦即能得彼無礙智。

「復次，賢護！菩薩觀察四念處時，無法可見，無聲可聞。無見聞故則無有法可得分別，亦無有法可得思惟，而亦復非瞽盲聾類，但是諸法無可見故。是故觀時不生住著，而見諸道，思惟道故。即於諸法無有疑網，無疑網故見佛如來。見如來故永離迷謬，無迷謬故知一切法終無可見。何以故？菩薩若有如斯見者，則取彼見，取彼見故則取法相，取法相故則取事業，取事業故則見眾生，見眾生故則見壽命，見壽命故則見富伽羅，見富伽羅故則見諸陰，見諸陰故則見諸入，見諸入故則見諸界，見諸界故則見諸相，見諸相故則見諸物，見諸物故則見彼因，見彼因故則復見緣，以見緣故則便求取，以求取故則有有生。何以故？賢護！一切諸法終不可取，無可取故，菩薩於彼一切諸法不思、不念、不見、不聞。賢護！終不如諸外道，若外道弟子取著富伽羅及以我見也。賢護！菩薩終不作如是見。云何見？菩薩見者如如來見，終不退轉。菩薩見如辟支佛見、如阿羅漢見，菩薩當應作如斯見。如斯見故不憶、不念、不見、不聞，以不憶念及見聞故滅諸妄想，即得思惟如斯三昧也。

「復次，賢護！譬如虛空本無形色，不可觀見無有障礙，無所依止，無有住處，清淨無染亦無垢濁，諸菩薩輩見一切法亦復如是，所謂於彼有為、無為一切法中無有處障礙，乃至亦無處所。以眼清淨無障礙故，一切諸法自然現前。彼諸菩薩如是念時即見諸佛，其所莊嚴狀如金聚，具足威儀如百千光，炎赫斯照如秋滿月，眾星圍繞如轉輪王，軍眾熾盛如天帝釋，四輔中尊如大梵王，處彼天座如師子王威伏衆獸，如鮮白鵠處空而飛，如須彌山王安住大海，如大雪山出諸良藥，如鐵圍山攝持猛風，如彼水界住持大地，如大風輪淨虛空界，如須彌頂壯麗天宮。如是，賢護！彼諸如來、應、等正覺以智德光，照明一切三千大千諸佛世界，其事若此。賢護！彼諸菩薩於正觀中復如斯念，而諸如來有所宣說：『我昔聽聞，聞已讀誦受持修行。』如是念已從三昧起，如彼定中所聞諸法，思惟其義為他宣說。賢護！當知是三昧王為諸菩薩作斯利益，能與如是諸功德衆，所謂世間、出世間一切諸法也。賢護！是故若彼善男子、善女人，隨欲求證無上菩提，當應聽聞如是三昧。聞已書寫、讀誦受持、修習思惟、廣為他說，令是妙法流布世間。」

爾時，世尊為重明此義，以偈頌曰：

諸佛清淨離塵垢，功德深廣無所依，鍾鼓鏗鏘衆妙音，萬種咸備修供養。
布散諸種超世香，精異花鬘上寶蓋，然燈供養衆塔廟，所為求此三摩提。
佛法甚深難可見，開示世諦令人知，彼如自性初不遷，汝當隨順智無礙。

猶日月天初出時，帝釋佐天三十二，衆具莊嚴*寶周普，求彼三昧亦復然。
譬如梵天處梵衆，威儀寂靜功德圓，勇猛精進不可稱，彼求三昧亦如是。
又如醫王處世間，給施病者衆妙藥，隨順諸佛清淨心，初未曾離本空性。
譬如雪山諸山王，煒燁同於轉輪帝，亦如寶輦妙莊嚴，彼見諸佛衆相滿。
又猶鵠王絕明白，處空自在無礙遊，如是諸佛金色身，世尊真子如斯念。
無垢三昧淨智燈，能破大冥諸黑闇，彼除一切衆物想，念諸佛智無礙光。
諸垢消滅無瞋毒，無明清淨妙智人，若能觀是無自他，彼終無有諸色相。
無疑惑中淨智生，悉能斷斯諸有見，亦已滅亡陰界想，聞法除惱得清涼。
比丘當知諸佛子，及以清淨比丘尼，彼優婆塞優婆夷，若能念此得三昧。

賢護菩薩所問經卷第四

大*方等☆大集經賢護分卷第五

隋天竺三藏闍那崛多譯

現前三昧中十法品第十三

爾時，世尊復告賢護菩薩言：「賢護！若有比丘樂欲修習此三昧者，先當思惟彼無相想，既思惟已，我慢不生。賢護！除慢高已，心意泰然遠離衆相，爾時卽應為他宣說如是三昧，不應起諍。是中云何名為諍也？所謂妄想誹毀卽謗於空，名為諍也。賢護！是故彼比丘以無諍故，當能修學為他宣說此三昧也。賢護！有諸善男子、善女人，若欲修學為他解釋此三昧者，應當具足成就十法，然後為他解斯三昧。何等為十？所謂：一者、彼諸善男子、善女人先摧我慢，起恭敬心；二者、知恩不忘，心常念報，三者、心無倚著，亦無嫉妬；四者、除斷疑惑及諸障礙；五者、深信不壞，繫念思惟；六者、精進勤求，經行無倦；七者、常行乞食、不受別請；八者、少欲知足，調伏諸根；九者、正信甚深無生法忍；十者、常念誰所有是三昧，即於彼師生諸佛想，然後修習如是三昧。

「賢護！是為彼善男子、善女人具足如上十種法已，應當修習如是三昧，亦令他人受持讀誦，如是行者當得八事。何等為八？一者、畢竟清淨，於諸禁戒無毀犯故；二者、知見清淨，智慧和合不與餘相應故；三者、智慧清淨，更不復受諸後有故；四者、施與清淨，不願一切諸行果報故；五者、多聞清淨，既聞法已畢竟不忘故；六者、精進清淨，於一切時求佛菩提故；七者、遠離清淨，於一切名利不染著故；八者、不退清淨，當得阿耨多羅三藐三菩提初不動搖故。賢護！是為彼善男子、善女人所獲八法也。」

爾時，世尊為重明此義，以說偈曰：

智人不起有相想，亦當除慢及我心，於深忍中無取著，彼能速宣此三昧。

空中本來滅諍根，涅槃無相大寂定，於佛無嫌不謗法，彼能速宣此三昧。
智者不興嫉妬意，念佛知恩及法僧，所生降伏無遷移，如是寂靜持三昧。
無有嫉妬亦無疑，思惟深法真實信，精進不懈離諸欲，彼能如是得三昧。
常行比丘乞食法，捨諸別請況求財，斷除垢染證真如，彼能如是得三昧。
誰能有此三摩提，我應聽受廣流布，於教師所起佛想，彼能如是得三昧。
若人修行此三昧，當具功德超世間，彼應速受八種法，稱諸佛心淨無垢。
持戒清淨無有邊，三昧菩提及勝見，彼能清淨諸有中，住以最妙功德聚。
智慧清淨不受有，布施離垢入無為，得彼多聞未曾忘，其為智人功德藏。
勇猛精進得菩提，於世名利不貪染，若諸智者善行此，彼入無上深妙禪。

大集經賢護分不共功德品第十四

爾時，世尊復告賢護菩薩摩訶薩言：「賢護！彼諸菩薩摩訶薩復當成就十八不共法。何等名為不共法也？所謂如來初成阿耨多羅三藐三菩提，乃至般涅槃，於其中間，如來所有三業智慧為首，一切身業隨智慧行、一切口業隨智慧行、一切意業隨智慧行。又諸如來知見過去無有障礙、知見未來無有障礙、知見現在無有障礙。又諸如來所為無有錯誤、言無漏失、意無忘念、無別異想、常在三昧、無不知已捨。又諸如來意欲無減、精進無減、禪定無減、智慧無減、解脫無減、解脫知見無減。賢護！是為如來十八不共法。彼菩薩摩訶薩當應修習具足成滿。

「復次，賢護！若菩薩摩訶薩成就具足甚深難見攝受正法，卽欲宣說是三昧者，應當更受十種勝法。何等為十？所謂如來十力。云何十力？賢護！是中如來是處非處力者，如來於諸處非處事，能以正智如實知故。賢護！如是處非處事，如來能以正智如實知者，此則如來處非處力。如來得此力已知真實處，於大眾中作師子吼，轉大梵輪昔所未轉，若有沙門、婆羅門、若天、若梵、若魔、若人，一切世間終無有能如是轉者。賢護！是為如來第一智力，菩薩摩訶薩應當修學具足成滿。

「復次，賢護！是中如來一切至處道力者，如來於一切處道差別，皆以正智如實知故。賢護！如是一切至處道事，如來能以正智如實知者，此則如來至處道力也。如來得此力已知真實處，於大衆中作師子吼，轉大梵輪昔所未轉，若諸世間沙門、婆羅門、若天、若梵、若魔、若人，終無有能如是轉者。賢護！是為如來第二智力，菩薩摩訶薩應當修學具足成滿。

「復次，賢護！是中如來世間種種界力者，如來於世間種種諸界無量差別，能以正智如實知故。賢護！如是世間種種界事，如來皆以正智如實知者，此則如來世間界力也。如來得此力已知真實處，於大衆中作師子吼，轉大梵輪昔所未轉，若諸世間沙門、婆羅門、若天、若梵、若魔、若人，終無有能如斯轉者。賢護！是為如來第三智力，菩薩摩訶薩應當修學具足成滿。

「復次，賢護！是中如來心行力者，如來於諸衆生種種心行無量差別，皆以正智如實知故。賢護！如是衆生種種心行無量差別，如來能以正智如實知者，此則如來知心行力也。如來得此力已知真實處，於大衆中作師子吼，轉大梵輪昔所未轉，若諸世間沙門、婆羅門、若天、若梵、若魔、若人，終無有能如是轉者。

賢護！是為如來第四智力，菩薩摩訶薩應當修學具足成滿。

「復次，賢護！如來知衆生諸根差別力者，如來於衆生諸根種種差別，皆以正智如實知故。賢護！如是衆生諸根種種差別，如來皆以正智如實知者，是則如來諸根差別力也。如來得此力已知真實處，於大衆中作師子吼，轉大梵輪昔所未轉，若諸世間沙門、婆羅門、若天、若梵、若魔、若人，終無有能如是轉者。賢護！是為如來第五智力，菩薩摩訶薩應當修學具足成滿。

「復次，賢護！是中如來禪定力者，如來於一切禪定、解脫、三昧、生起煩惱及以滅除，斯以正智如實知故。賢護！如是一切禪定、解脫、三摩跋提、生起煩惱乃至清淨，如來皆以正智如實知者，是則如來禪定力也。如來得已知真正處，於大衆中作師子吼，轉大梵輪先所未轉，若彼世間沙門、婆羅門、若天、若梵、若魔、若人，終無有能如是轉者。賢護！是為如來第六智力，菩薩摩訶薩應當修學具足成滿。

「復次，賢護！如來業力者，如來於彼一切諸業種種差別，及彼未來和合得報亦無量差別，如來斯以正智如實知故。賢護！如是諸業種種差別，未來得果亦復差別，如來皆以正智如實知者，斯則如來知業力也。如來得已知真實處，於大衆中作師子吼，轉大梵輪先所未轉，若彼世間若沙門、婆羅門、若天、若梵、若魔、若人，終無有能如斯轉者。賢護！是為如來第七業力，菩薩摩訶薩應當修學具足成滿。

「復次，賢護！如來天眼力者，如來常以清淨天眼過於人眼，見彼未來諸衆生輩死此生彼，其所受身或美、或醜、或善、或惡，所得諸色或好、或惡、或妙、或麁，或生善道，或生惡趣，又見衆生所作諸業或善、或惡，有諸衆生具身惡業、具口惡業、具意惡業，訶罵聖人、誹謗正法、壞和合僧，具足如是諸惡業故，身壞命終生於惡道。又諸衆生具身善業、具口善業、具意善業，恭敬聖人、尊重正法、供養衆僧，具行如是諸善業故，命終得生人天善趣，如是等事皆如實知。賢護！如來以淨天眼見諸衆生死此生彼，乃至命終生於天上，是則如來生死智力。得是力已知真實處，於大衆中作師子吼，轉大梵輪昔所未轉，若彼世間若沙門、婆羅門、若天、若梵、若魔、若人，終無有能若斯轉者。賢護！是為如來第八智力，菩薩摩訶薩應當修學具足成滿。

「復次，賢護！如來宿命智力者，如來能以諸宿命智，知於過去諸宿命事。所謂衆生生此死彼，或於一處初受一生、或二、或三、或五、或十、或百、或千乃至或受無量百生、無量千生、無量百千生，如是乃至無量轉劫，無量定劫、無量轉不轉劫等，皆如實知。又於彼所生趣，如是處、如是家、如是種姓、如是名字、如是相貌、如是生中、如是服食、如是所作、如是善惡、如是憂喜、如是苦樂乃至若干壽命等，亦如實知。又於某處捨彼身已復生某處，如是身相、如是所說、如是所經，乃至壽命諸過去事，皆悉知故。賢護！如來能以種種無量諸宿命智，知彼衆生宿命所經，始自一生及無量生，乃至壽命諸過去事如實知者，是則如來宿命智力也。得是力已，處大衆中作師子吼，轉大梵輪昔所未轉，若彼世間沙門、婆羅門、若天、若梵、若魔、若人，終無有能若斯轉者。賢護！是為如來第九智力，菩薩摩訶薩應當修學具足成滿。

「復次，賢護！如來漏盡力者，如來能盡一切諸有，無復諸漏，心慧解脫自覺法已，是故唱言：『我生已盡，梵行已立，所作已辦，不受後有。』賢護！如來如是能盡諸漏，心慧明脫自證知故，故言：『我生已盡乃至不受後有。』如實知者，是則如來漏盡智力也。如來得已，處大眾中作師子吼，轉大梵輪昔所未轉，若彼世間沙門、婆羅門、若天、若梵、若魔、若人，終無有能若斯轉者。賢護！是為如來第十智力，菩薩摩訶薩當應修學具足成滿。賢護！若諸菩薩摩訶薩讀誦受持、思惟修習是三昧者，則能攝受如來十力也。」

爾時，世尊為重明此義，以偈頌曰：

十八不共等覺法，十力明智諸佛同，菩薩修習此妙禪，自然成就斯二種。

大集經賢護分隨喜功德品第十五

爾時，世尊復告賢護菩薩言：「賢護！若菩薩摩訶薩具足成就四隨喜故，即當得斯現前三昧，速疾成滿阿耨多羅三藐三菩提。何等名為四種隨喜也？所謂彼菩薩摩訶薩應作如是念：『如彼過去一切諸如來、應供、等正覺各於往昔行菩薩時，皆因隨喜得是三昧。因三昧故具足多聞，由多聞故速疾成就阿耨多羅三藐三菩提。如我今日亦應如是，依因隨喜得是三昧。因三昧故具足多聞，由多聞故速得成就無上菩提。』賢護！是為菩薩摩訶薩第一隨喜功德聚也。賢護！彼菩薩摩訶薩復應如是念：『如彼當來一切諸如來、應供、等正覺行菩薩時，皆因隨喜得是三昧。因此三昧故具足多聞，由多聞故速疾成就阿耨多羅三藐三菩提。如我今日亦應如是，當因隨喜得是三昧。歸憑三昧求滿多聞，由多聞故速疾成彼無上菩提。』賢護！是為菩薩摩訶薩第二隨喜功德聚也。賢護！是菩薩摩訶薩復應如是念：『而今現在無量無邊阿僧祇諸世界中，一切諸如來、應供、等正覺各於往昔行菩薩時，亦因隨喜得是三昧。因是三昧具足多聞，由多聞故現皆得成無上菩提。然我今日亦應隨喜，乃至為欲速成無上菩提故。』賢護！是為菩薩第三隨喜功德聚也。復次，賢護！彼菩薩摩訶薩復應如是念：『我今已得仰學，三世一切諸如來本於過去行菩薩時，皆因隨喜得是三昧。皆因三昧具足多聞，皆由多聞而得成佛。今我以此隨喜功德，願與一切眾生共之，同生隨喜同獲三昧，同具多聞同悉成就阿耨多羅三藐三菩提。』賢護！是為菩薩摩訶薩第四隨喜功德聚也。

「復次，賢護！而彼菩薩既得成就如是隨喜、如是三昧、如是多聞、如是速疾成就菩提，以是功德悉與眾生，共同迴向阿耨多羅三藐三菩提。如是功德難可稱量，我今為汝略開少分，汝宜諦聽！善思念之。賢護！譬如有人定壽百歲，身輕氣猛行駿若飛，是人生已便即能行一世界，先行東方盡世界邊，如是次第行於南西北方四維上下，周旋十方窮極地際。賢護！於意云何？假使有人聰明出世善通算術，能計是人所行地界道路近遠長短耶？」

賢護白言：「不也！」

「又能稱量耶？」

「不也！」

「又能觀察耶？」

「不也！」

「亦能思惟耶？」

「不也！世尊！」

「賢護！且置初行，卽使是人滿足百年速疾往返，遍至十方無量世界，彼明算人復能知否？」

賢護報言：「不也！世尊！彼明算人尚不能知初時所行地界近遠，云何能計是人一世盡力飛行周遍十方，無數世界道路由旬其數多少？若欲的知，唯獨世尊及大弟子舍利弗與彼不退諸大菩薩等，乃能知耳！」

佛告賢護：「如是！如是！我今語汝，若有善男子、善女人起信敬心，於彼風行壯人所經世界盛滿珍寶，持用奉獻十方諸佛，其所獲福雖曰極多，然尚不如隨喜三昧功德少分。何以故？賢護！由彼菩薩摩訶薩修此三昧，具足如上四大隨喜，迴向阿耨多羅三藐三菩提，為求多聞成正覺故。

「賢護！以是因緣持彼施福，望前隨喜所獲功德百分不及一、千分不及一、百千萬分不及一、億百千分不及一，乃至算數譬喻所不能及。賢護！汝今當知，諸菩薩等，隨喜迴向所得功德。是故我今更為汝說菩薩隨喜功德少分，汝宜諦聽也。賢護！我念往昔過於無量無邊阿僧祇劫，爾時，有佛號師子意如來、應供、等正覺、明行足、善逝、世間解、無上士、調御丈夫、天人師、佛、世尊，出現於世。賢護！時此世界閻浮提中，人民熾盛多饒財寶，豐樂安隱甚可愛樂。賢護！爾時，此閻浮提其地弘廣，具足一萬八千由旬，其間城郭聚落乃有一萬八千，一切皆以七寶所成，其城縱廣十二由旬，於諸城內城*外皆有九◎十億民家。

「賢護！爾時，大城名曰賢作，城中居民有六十億，彼城卽是師子意如來現生處也。賢護！爾時，師子意如來初會說法，有九十億人證阿羅漢果。過七日已，於第二會，復有九十億人得阿羅漢果，過第二會，第三會中復有九十億人得阿羅漢果。過三會已，復有九十億人咸從他方而來大集，悉是清淨諸菩薩眾，自後彼佛恒有無量阿僧祇諸聲聞眾。

「賢護！爾時，人民行十善業，如彼未來彌勒佛世教諸眾生，具足成就十種業行。爾時，人壽八萬四千，如彌勒時人壽無異。賢護！時彼大城有轉輪王名曰勝遊，如法治世具足七寶，所謂金輪寶、象寶、馬寶、摩尼寶、女寶、長者寶、主兵寶，是為七寶，滿足千子身相端嚴，成就威雄降伏怨敵，彼王所統盡世界邊，不用刀兵亦無威迫，無所稅斂衆具自然。時勝遊王詣師子意如來、應供、等正覺所，頂禮尊足然後退坐。

「爾時，師子意如來知勝遊王渴仰心已，卽為廣宣現前三昧。時彼王既聞如是三昧，深自慶幸發隨喜心，以一把寶奉散佛上，彼王緣此隨喜善根，命終之後還生閻浮，為彼王子名曰梵德，復紹王位如法治化。彼佛滅後於正法中有一比丘，其名曰寶，聰明精進，常為四衆宣揚廣說如是經典。賢護！爾時，彼梵德王於比丘所聞三昧已，得深淨信起隨喜心，持上妙衣價直百千覆比丘上。賢護！又梵德王從比丘所聞三昧已，卽發阿耨多羅三藐三菩提心，為愛法故捨家出家，剃除鬚髮被服袈裟，是時亦有百千人衆，成就信心卽隨彼王法服出家。亦為如是三昧經故。

「時彼梵德比丘與彼百千諸比丘衆，經八千歲供養承事彼寶比丘無有疲倦，終不能得如是三昧。唯除一聞，聞已隨喜，具以四種隨喜功德，迴向阿耨多羅三藐三菩提，如初隨喜如是廣行。然*彼梵德比丘及百千眾，緣此善根尋得值遇六萬八千諸佛世尊，凡所生處常得為眾頒宣廣說如是三昧。彼王比丘因彼善根，復更值遇六萬八千億數諸佛，如是次第種諸善根得此三昧。具足圓滿助菩提法已，尋得成就阿耨多羅三藐三菩提，號曰堅固精進如來、應供、等正覺、明行足、善逝、世間解、無上士、調御丈夫、天人師、佛、世尊。而彼百千諸比丘眾得此三昧，亦能成就助道法故，皆已成於阿耨多羅三藐三菩提，名曰堅勇如來、應供、等正覺，復令無量百千眾生住於阿耨多羅三藐三菩提。

「賢護！彼但耳聞尚獲如是，何況菩薩聞受三昧讀誦憶持、為他廣說，復勤思行而不得也！賢護！以此義故，諸菩薩等聞是三昧誰不隨喜？誰不讀誦？誰不受持？誰不修習？誰不廣說？何以故？賢護！以彼菩薩聞是三昧，即得成就助道法等，速疾成於阿耨多羅三藐三菩提故。

「賢護！以是因緣，吾今語汝，若人正信淨心欲求阿耨多羅三藐三菩提者，要先至心求此三昧。菩薩若聞百由旬內有此甚深三昧經者，菩薩即應躬自往詣聽是經典。聞已即應讀誦受持、修習思惟、為他廣說。賢護！且置百由旬內當往聽受，又彼菩薩若聞二百由旬、三百、四百、五百，乃至千由旬內有是三昧，在某都城某聚落所，菩薩即應躬往聽受、習誦受持。何以故？賢護！以是菩薩清淨信心，為求成就阿耨多羅三藐三菩提故。是故菩薩不應起懈怠心、生懶惰心、起散亂心，當更發精進心、發猛利心，應當為是三昧速至千由旬所，乃至但得聞是三昧，何況讀誦受持、思惟解說？何以故？賢護！以是三昧能攝一切助道法故。

「復次，賢護！是中若有菩薩以純淨心為求菩提，應當往詣千由旬所，為聽如是三昧法時，菩薩應當承事供養彼說法師，一切眾具悉皆奉上。常當隨逐法師而行，或時一年、或復二年、或十、二十、或經百年，乃至盡壽隨逐法師不得捨離，乃至但求聞是三昧，何況能得讀誦受持、思惟義理、為他解釋！如是菩薩隨法師時，當捨自心諸所為事，常當隨順彼阿闍梨法師意行，謹心承事不得違教，起尊敬心及重愛心，除捨一切無愛敬事，於法師所發善知識想乃至當起如諸佛心。

「賢護！彼菩薩於是法師阿闍梨所，能生如是敬愛心已，若當不得讀誦受持、思惟廣說，乃至聽聞是三昧者終無是事。唯除往昔誹謗如是甚深經典，業時已熟定墮惡道業不淨耳！

「復次，賢護！假彼菩薩或欲須離彼法師者，常當知恩、常當念恩、常當報恩。何以故？賢護！以是法師宣講因緣，令斯經典久住不沒。

「復次，賢護！若有菩薩為是三昧，尚當應往千由旬處，況復隨近城都國邑、聚落空處或山野中，而當不往聽受、讀誦、思惟義理、為他廣說也！復次，賢護！我今語汝，若有菩薩為三昧故，即能往至千由旬所，乃至不得聞是三昧，而彼菩薩雖復不得聞是三昧，於是法中念求善根，當發精進，莫即懈惰，汝應當知如是之人，則為已得不退轉於阿耨多羅三藐三菩提，何況聽聞、受持讀誦、思惟修習、為他廣宣！賢護！汝今當觀彼菩薩輩聞此三昧已，而能受持思惟修行，即得爾許大功德聚，乃至求已不能得聞，亦當具足幾大善根。若聞不聞，皆為已住不退轉地，畢竟成就阿耨多羅三藐三菩提。何況聞已，讀誦受持、思惟修習、廣為他說，亦令多人聞已誦持、修習思惟、熾然流布也！」

爾時，世尊為重明此義，以偈頌曰：

我念過去有如來，號師子意人中上，彼時有王為衆首，親往詣佛求三昧。
時大智王得聞已，歡喜遍滿不可宣，以手持寶奉散之，供養人尊師子意。
內心思惟發是言：我今歸依無上覺，為諸世間作饒益，唯願善說三摩提。
時王興建此業已，捨身還生於彼宮，尋得值遇寶比丘，大德名聞滿十方。
彼聞比丘善說時，心生歡喜無稱量，即以勝妙衆寶服，答彼比丘為菩提。
復與數千衆出家，供養承事彼比丘，經歷滿於八千歲，為求如是三昧故。
彼唯一說不再宣，聞受深妙如大海，爾時心智都無倦，求此如實勝寂禪。
彼輩如是修行已，值遇諸佛大威雄，具滿六萬有八千，其間亦聞此三昧。
餘世供養復承事，六萬八千億世尊，所聞深妙悉隨喜，斯由師子如來故。
彼王如是具修行，終得成佛號堅進，教化衆生無量數，所在生死皆遠塵。
從王出家數千衆，亦同得佛名堅勇，德聲遍滿於十方，聞三昧名證大覺。

何況復能為他說，不染著彼諸世界，當更廣顯妙思惟，若斯三昧諸佛演。
若知三昧百由旬，為求菩提詣彼聽，於言教中莫辭倦，聞者功德不可量。
若至於彼不得聞，尚獲若干諸福聚，何況聞已思說者！唯當速求此三昧。
當念彼具梵德人，親近承事勿生厭，誰比丘所有此經，卽當詣彼修供養。

大集經賢護分覺寤品第十六

爾時，世尊復告賢護菩薩言：「賢護！我念往昔過多無量阿僧祇劫，有佛出世名薩遮那摩如來、應供、等正覺，十號具足。時有比丘名曰和輪，於佛滅後稱揚廣說是三昧經，我於爾時為大國王，一心專求是妙三昧。卽於夢中，聞有告言是三昧處，既覺寤已，遂便躬詣比丘師所求是三昧。因請法師剃髮出家，為求聽受是三昧故。躬用承事和輪法師，備經三萬有六千歲，天魔障蔽竟不得聞。時佛復告諸比丘、比丘尼、優婆塞、優婆夷言：『我今語汝，汝等當應急疾聽受是三昧王，無得賒遲亦無忘失，善承事師無令失所。求是三昧以得為期，若經一劫乃至百千，不生懈心無不得也。』賢護！若人一心求是三昧，常隨逐師不得遠離。當設供養，所謂湯藥、飲食、衣服、床敷、種種衆具，及以一切金銀珍寶，凡是資用盡奉於師無所愛惜，如其自無乞求而與，趣得三昧勿生厭心。

「賢護！且置如斯尋常供具，夫求法者，師若有須，乃至應當自割其身，肌膚肢體供奉於師。師若須命尚無愛惜，況餘外物而不奉師！賢護！其求法者，承事法師將護隨順其事若此，又承事師如奴隨主、如臣事君，事師亦爾。斯人如是疾得三昧，得三昧已當念憶持，常念師恩恒思報答。賢護！是三昧寶不易可聞。正使有人過百千劫，但求聞名尚不得聞，何況聞已書寫誦持，轉復為他分別說也？賢護！假記恒河沙數諸佛世界，盛滿珍寶持以行檀，其福雖多猶亦不如聞此經名，書寫一偈所獲功德無可校量。」

爾時，世尊為重明此義，以偈頌曰：

我念過去無量時，具足數滿六千歲，常隨法師不蹔捨，初不聞是三昧名。
有佛厥號為至誠，時彼比丘名和輪，其於世尊滅度後，比丘廣說是三昧。

我時為彼天下王，夢中聞告三昧處，和輪比丘常宣轉，王當聽受是妙經。
從夢寤已即推求，躬詣比丘請三昧，遂捨王位而出家，恭敬供養不暫休。
經歷三萬六千年，但願得逢彼宣流，常為天魔來固擾，終竟未果一聽聞。
是故比丘比丘尼，諸優婆塞優婆夷，吾故誡汝此誠言，汝當趣持是三昧。
其欲敬承彼法師，若經一劫及多劫，備奉藥湯諸妙膳，求聞如是三昧經。
又辦億數衆衣服，床敷燈燭及諸珍，精勤如是不覺疲，為聽如是妙三昧。
比丘自無當乞奉，乃至身命無悋情，何況餘物有惜心，如是求者得三昧。
受恩常念思報恩，智人聞已應廣說，億那由劫專精求，斯妙三昧爾乃聞。
假使恒沙諸世界，盛滿珍寶用行檀，能於是中說一偈，此人功德過於彼。
正言宣說一偈者，過於諸劫那由他，何況聞已能廣傳，斯人功德不可說。
若人樂行於菩提，當為一切求是法，必能正覺無上道，聞已安住斯定中。

大集經賢護分囑累品第十七

爾時，世尊告賢護菩薩言：「賢護！是故彼善男子有淨信者，常當精勤聽此三昧。既聞受已，讀誦總持思惟其義，廣為世間分別演說，宜善書寫安置藏中。所以者何？賢護！於我滅後當來之世，有諸菩薩摩訶薩輩淨信心者，為衆生故當求多聞，求多聞故當詣諸方聽受正法。賢護！是故彼諸善男子有欲樂者、具足信心者、攝受正法者、愛樂正法者、總持修多羅者，為如是等廣宣說故，以如來力加持故，書寫如是大乘經典，以如來印印封之已，然後安置於匣藏中。

「賢護！是中何等為如來印？所謂一切諸行無造無作。無造作者，未曾有無為、無相無想、無依無攝、無取無住，一切諸行盡、苦因盡、有盡、一切煩惱盡，無生無滅、無道無道果，一切諸聖無有覆藏，愚癡所毀智者所稱，巧者能受。如來世尊說此經時，無量衆生皆於阿耨多羅三藐三菩提種諸善根。彼恒河沙等諸佛世界，有無量阿僧祇諸菩薩摩訶薩衆，皆從本國發來至此，咸為聽受是三昧者，彼輩皆得不退轉於阿耨多羅三藐三菩提。時此三千大千世界一切大地六種震動，所謂動、大動、等遍動，涌、大涌、等遍涌，起、大起、等遍起，震、大震、等遍震，吼、大吼、等遍吼，覺、大覺、等遍覺，乃至邊涌中沒、中涌邊沒，時此世界如是大動。

爾時，世尊告尊者摩訶迦葉、尊者舍利弗、尊者目揵連、尊者阿難及賢護菩薩、寶德離車子、商主長者、星德長者子、偉德摩納、水天長者等，五百人衆并餘諸天世人四部衆等言：「迦葉！我今以是三大阿僧祇劫修成阿耨多羅三藐三菩提法，付囑汝等，如是等義一切世間所不能信。何以故？如來所說修多羅，最勝微妙第一甚深，於當來世能與一切衆生阿耨多羅三藐三菩提。是故我今慇懃囑汝，汝當聽受，汝當讀誦，汝當憶持，汝當思惟，汝當修行，汝當開發，汝當廣宣，汝當解釋，汝當盡善，汝當流布勿令斷絕。

「復次，阿難！若有諸善男子、善女人，念欲修習此三昧經者，欲讀誦者、欲受持者、欲思惟者、欲開示者、欲廣說者，當應令他生正信故、令他讀誦故、令他受持故、令他思惟故、令他開示故、令他廣說故，我今為彼安住大乘諸善男子、善女人輩，廣開發已，當如是學，常當念我如斯教勅。」

爾時，世尊說是經已，尊者摩訶迦葉、舍利弗、大目揵連、阿難，自餘一切諸大聲聞，及彼賢護、寶德、善商主、星德、偉德、水天長者等五百優婆塞衆，及彼從十方他佛國土諸來菩薩摩訶薩衆，乃至一切天龍、鬼神、人非人等，聞如來說皆大歡喜，奉教修行。

賢護菩薩所問經卷第五

般舟三昧經

般舟三昧經卷上

一名十方現在佛悉在前立定經

後漢月氏三藏支婁迦讖譯

問事品第一

佛在羅閱祇摩訶桓迦憐，摩訶比丘僧五百人皆得阿羅漢，獨阿難未。

爾時，有菩薩名颰陀和，與五百菩薩俱，皆持五戒。晡時，至佛所前，以頭面著佛足，却坐一面；并與五百沙門俱，至佛所前，為佛作禮，却坐一面。時佛放威神，諸比丘所在遠方無不來者；即時，十萬比丘俱，相隨來會佛所前，為佛作禮，却坐一面。佛復*放威神，摩訶波和提比丘尼與三萬比丘尼俱，相隨至佛所前，為佛作禮，却坐一面。佛復放威神，羅憐那竭菩薩從舍衛墮梨大國出，橋日兜菩薩從占波大國出，那羅達菩薩從彼羅斯大國出，須深菩薩從加羅衛大國出，摩訶須薩和菩薩與阿難邠坻迦羅越俱從舍衛大國出，因坻達菩薩從鳩睒彌大國出，和輪調菩薩從沙祇大國出，一一菩薩各與二萬八千人俱，來到佛所前，為佛作禮，皆却坐一面。羅閱祇王阿闍世與十萬人俱，來到佛所前，為佛作禮，却坐一面。四天王、釋提桓因、梵三鉢、摩夷亘天、阿迦貳吒天，各各與若干億億百千天子俱，來到佛所前，為佛作禮，却住一面。難頭、和難龍王、沙竭龍王、摩難斯龍王、阿耨達龍王，各各與若干龍王億億百千萬俱，來到佛所前，為佛作禮，却住一面。四面阿須倫王各與若干阿羞倫民億億百千萬俱，來到佛所前，為佛作禮，却住一面。

時，諸比丘、比丘尼、優婆塞、優婆夷、諸天、諸龍、諸阿羞倫民、諸閱叉鬼神、諸迦樓羅鬼神、諸甄多羅鬼神、諸摩睺勒鬼神、諸人非人，無央數都不可計。颰陀和菩薩從坐起，正衣服，叉手長跪白佛言：「願欲有所問，既問者欲有所因故。天中天聽我言者，今當問佛。」

佛告颰陀和菩薩：「所*用故者，便問，佛當為*汝說之。」

颰陀和菩薩問佛言：「菩薩當作何等三昧，所得智慧如大海，如須彌山，所聞者不疑；終不失人中之將，自致成佛終不還；終不生愚癡之處，豫知去來之事；未曾離佛時，若於夢中亦不離佛；端政姝好，於衆中顏色無比；少小常在尊貴大姓家生，若其父母、兄弟、宗親、知識，無不敬愛者；高才廣博，所議作者與衆絕異；自守節度，常內慚色，終不自大，常有慈哀，智慮通達，於智中明，無有與等者；威神無比，精進難及，入諸經中，多入諸經中，諸經中無不解；安樂入禪、入定、入空、無⊙所想、無所著，於是三事中不恐；多為人說經，便隨護之；在所欲生，何所自恣，無異本功德力；所信力多，所至到處，其筋力強，無不欲愛力，無不有根力；明於所向力，明於所念力，明於所視力，明於所信力，明於所願力；在所問，如大海，無有減盡時；如月盛滿時，悉遍照；無有不感明者，如日初出時；如炬火在，所照無所罣礙；不著心，如虛空，無所止；如金剛鑽，無所不入；安如須彌山，不可動；如門閫，正住堅；心軟如鵠毛，無有麁爽；身無所◎貪慕，樂於山川，如野獸；常自守，不與人從事？

「若沙門道人多所教授，皆護視；若有輕嬈者，終無瞋恚心，一切諸魔不能動；解於諸經，入諸慧中，學諸佛法，無有能為作師者；威力聖意，無有能動搖者；深入之行常隨無，所行常柔軟；於經中常悲，承事於諸佛無有厭；所行種種功德悉逮及，所行常至◎誠，所信常*正，無有能亂者；所行常淨潔，臨事能決無有難，清淨於智慧悉明，得所樂行，盡於五蓋；智慧所行，稍稍追成佛之境界，莊嚴諸國土，於戒中清淨阿羅漢、辟支佛心；所作為者皆究竟，所作功德常在上首，教授人民亦然，於菩薩中所教授無有厭，當所作者，度無有極，一切餘道無有能及者，未嘗離佛不見佛，常念諸佛如父母無異，稍稍得諸佛威神，悉得諸經；明眼所視，無所罣礙，諸佛悉在前立？

「譬如幻師自在所化，作諸法不豫計念便成法，亦無所從來，亦無所從去，如化作；念過去、當來、今現在如夢中；所有分身悉遍至諸佛剎，如日照水中，影悉遍見；所念悉得，如*響；亦不來，亦不去，生死如影之分；便所想識如空，於法中無想；莫不歸仰者，一切平等無有異；於經中悉知心不可計，一切諸剎心不著，無所適念；出於諸佛剎，無所復罣礙；悉入諸陀*羅尼門，於諸經中，聞一知萬，諸佛所說經，悉能受持；侍諸佛悉得諸佛力，悉得佛威神，勇猛無所難，行步如猛師子無所畏；於諸國土無不用言者，所聞者未曾有忘時，一切諸佛之議等無有異，悉了知本無經不恐，欲得諸經，便自知說，如諸佛終無厭？

「為世間人之師，無不依附者；其行方幅，無有諂偽；諸剎照明朗，不著於三處；所行無所罣礙，於衆輩中無所適，於本際法中無所慕；持薩芸若，教人入佛道中，未曾恐怖，無有畏懼時；悉曉知佛諸經所有卷所在，衆會中無不蒙福者，見佛極大慈歡喜，所學諸佛經通利；於大衆中無所畏，於大衆中無有能過者，名聲極遠；破壞諸疑難無不解，於經中極尊，於師子座上坐，自在如諸佛法教，悉曉知佛萬種語，悉入萬億音；愛重諸佛經，常念在左右側，未曾離於諸佛慈；於佛經中樂行，常隨佛出入，常在善知識邊，無有厭極時；於十方諸佛剎無所適止，悉逮得願行度脫十方萬民，智慧珍寶悉逮得經藏，身如虛空無有想；教人求菩薩道，使佛種不斷；行菩薩道未曾離摩訶衍，逮得摩訶僧那僧涅極曠大道；疾逮得一切智，諸佛皆稱譽？

「近佛十力地，一切所想悉入中，一切所計悉了知；世間之變悉曉知，成敗之事、生者滅者悉曉知；入經海寶開第一之藏悉布施，悉於諸剎行願，亦不在中止；極大變化，如佛所樂行；心一反念，佛悉在前立；一切適不復願，適無所生處，十方不可計佛剎悉見，聞諸佛所說經，一一佛比丘僧悉見；是時，不持仙道、羅漢、辟支佛眼視，不於是間終，生彼間佛剎爾乃見，便於是間坐，悉見諸佛，悉聞諸佛所說經，悉皆受譬如我今於佛前，面見佛菩薩，如是未曾離佛，未曾不聞經？」

佛告颰陀和菩薩：「善哉！善哉！所問者多所度脫，多所安隱，於世間人民不可復計，天上天下悉安之。今若能問佛如是，若乃前世過去佛時，所聞地行，作功德所致，供養若干佛以所致，樂於經中所致，作道行守禁戒所致。自守法，行清白，不煩濁，輒以乞匃自食，多成就諸菩薩合會，教語諸菩薩，用是故極大慈哀，一切人民皆於等心；隨時欲見佛即見佛，所願極廣大甚深之行，常念佛智慧，悉持經戒，悉具足佛種聖心如金剛，悉知世間人民心所念，悉在諸佛前。」

佛告颰陀和菩薩：「若功德以不可復計。」

佛言：「今現在佛悉在前立三昧，其有行是三昧，若所問者悉可得。」

颰陀和菩薩白佛言：「願佛哀說之。今佛說者，多所過度，多所安隱，願佛為諸菩薩現大明。」

佛告颰陀和菩薩：「一法行常當習持，常當守，不復隨餘法，諸功德中最第一。何等為第一法行？是三昧名現在佛悉在前立三昧。」

行品第二

佛告颰陀和菩薩：「若有菩薩所念現在定意向十方佛，若有定意，一切得菩薩高行。何等為定意？從念佛因緣向佛，念意不亂；從得黠不捨精進，與善知識共行空，除睡眠，不聚會，避惡知識，近善知識，不亂精進，飯知足，不貪衣，不惜壽命，*孑身避親屬離鄉里，習等意，得悲*喜心，護行棄蓋習禪，不隨色，不受陰，不入衰，不念四大，不失意，不貪性，解不淨，不捨十方人，活十方人，十方人計為是我所，十方人計為非我所，一切◎受欲受，不貿戒，習空行，欲諷經，不中犯戒，不失定意，不疑法，不諍佛，不却法，不亂比丘僧，離妄語，助道德家，避癡人，世間語不喜不欲聞，道語具欲聞亦喜。從因緣畜生①，不欲聞六味，習為五習，為離十惡，為習十善，為曉九惱，行八精進，捨八懈怠。為習八便，為習九思、八道家念。

「又不著禪聞，不貢高，棄自大，聽說法，欲聞經，欲行法，不隨歲計，不受身想，離十方人，不欲受，不貪壽，為了陰，不隨惑，為不隨所有，求無為，不欲生死，大畏生死；計陰如賊，計四大如蛇，十二衰計空，久在三界不安隱，莫忘得無為，不欲貪欲，願棄生死，不隨人諍，不欲墮生死，常立佛前，受身計如夢，以受信不復疑，意無有異，一切滅思想過去事、未來事、今現在事等意，常念諸佛功德，自歸為依佛；定意得自在，不隨佛身相法，一切一計不與天下諍，所作不諍，從因緣生受了，從佛地度。得可法中，法中得下，以了空意，計人亦不有，亦不滅，自證無為黠眼，以淨一切，不二覺意，不在中邊；一切佛為一念入，無有疑黠，無有能呵，自得曉覺意故，佛黠不從他人，待得善知識，計如佛，無有異意，一切在菩薩無有離時，縱一切魔不能動，一切人如鏡中像，見一切佛如畫，一切從法行，為入清淨菩薩行。」

如是，佛言：「持是行法故致三昧，便得三昧現在諸佛悉在前立。何因致現在諸佛悉在前立三昧？如是，颰陀和！其有比丘、比丘尼、優婆塞、優婆夷持戒完具，獨一處止，心念西方阿彌陀佛今現在，隨所聞當念，去是間千億萬佛剎，其國名須摩提，在衆菩薩中央說經，一切常念阿彌陀佛。」

佛告颰陀和：「譬如人臥出於夢中，見所有金銀珍寶，父母、兄弟、妻子、親屬、知識相與娛樂，喜樂無*背，其覺以為人說之，後自淚出，念夢中所見。如是，颰陀和菩薩！若沙門、白衣所聞西方阿彌陀佛剎，當念彼方佛，不得缺戒，一心念若一晝夜，若七日七夜，過七日以後，見阿彌陀佛，於覺不見，於夢中見之；譬如人夢中所見，不知晝，不知夜，亦不知內，不知外，不用在冥中故不見，不用有所弊礙故不見。如是，颰陀和！菩薩心當作是念：『時諸佛國界名大山須彌山，其有幽冥之處，悉為開闢，目亦不弊，心亦不礙。』

「是菩薩摩訶薩不持天眼徹視，不持天耳徹聽，不持神足到其佛剎，不於是間終，生彼間佛剎乃見，便於是間坐見阿彌陀佛，聞所說經悉受得，從三昧中悉能具足，為人說之。譬若有人聞墮舍利國中，有婬女人名須門；若復有人聞婬女人阿凡和梨，若復有人聞優陂洹作婬女人，是時，各各思念之；其人未曾見此三女人，聞之婬意即為動，便於夢中各往到其所；是時，三人皆在羅閱祇國，同時念，各於夢中到是婬女人所，與共棲宿，其覺已，各自念之。」

佛告颰陀和：「我持三人以付，若持是事為人說經，使解此慧，至不退轉地，得無上正真道，然後得佛，號曰善覺。如是，颰陀和！菩薩於是間國土聞阿彌陀佛，數數念，用是念故，見阿彌陀佛。見佛已，從問：『當持何等法生阿彌陀佛國？』爾時，阿彌陀佛語是菩薩言：『欲來生我國者，常念我，數數常當守念，莫有休息，如是得來生我國。』」

佛言：「是菩薩用是念佛故，當得生阿彌陀佛國。常當念如是佛身，有三十二相，悉具足光明徹照，端正無比，在比丘僧中說經，說經不壞敗色。何等為不壞敗色？痛痒、思想、生死、識、魂神、地、水、火、風、世間、天上，上至梵、摩訶梵，不壞敗色，用念佛故，得空三昧，如是為念佛。」

佛告颰陀和：「菩薩於三昧中，誰當證者？我弟子摩訶迦葉、因坻達菩薩、須真天子，及時知是三昧者，有行得是三昧者，是為證。何等為證？證是三昧，知為空定。」

佛告颰陀和：「乃往去時，有佛名須波日。時有人行出入大空澤中，不得飲食，飢渴而臥，出便於夢中，得香甘美食，飲食已，其覺，腹中空，自念：『一切所有皆如夢耶！』」

佛言：「其人用念空故，便逮得無所從生法樂，即逮得阿惟越致。如是，颰陀和！菩薩其所向方，聞現在佛，常念所向方，欲見佛，即念佛，不當念有亦無，我所立，如想空。當念佛立，如以珍寶倚琉璃上，菩薩如是見十方無央數佛清淨。譬如人遠出到他郡國，念本鄉里、家室、親屬、財產，其人於夢中，歸到故鄉里，見家室親屬，喜共言語，於夢中見以，覺為知識說之：『我歸到故鄉里，見我家室親屬。』」

佛言：「菩薩如是其所向方聞佛名，常念所向方，欲見佛，菩薩一切見佛，如持珍寶著琉璃上。譬如比丘觀死人骨著前，有觀青時，有觀白時，有觀赤時，有觀黑時，其骨無有持來者，亦無有是骨，亦無所從來，是意所作想有耳。菩薩如是持佛威神力，於三昧中立，在所欲見何方佛，欲見即見。何以故？如是，颰陀和！是三昧佛力所成，持佛威神於三昧中立者有三事：持佛威神力、持佛三昧力、持本功德力。用是三事，故得見佛。譬若，颰陀和！年少之人，端正姝好莊嚴已，如持淨器盛好麻油，如持好器盛淨水，如新磨鏡，如無瑕水精，欲自見影，於是自照，悉自見影。云何，颰陀和！其所麻油、水鏡、水精，其人自照，寧有影從外入中不？」

颰陀和言：「不也！天中天！用麻油、水精、水鏡淨潔故，自見其影耳。其影亦不從中出，亦不從外入。」

佛言：「善哉！善哉！颰陀和！如是，颰陀和！色清淨，所有者清淨，欲見佛即見，見即問，問即報。聞經大歡喜，作是念：『佛從何所來？我為到何所？』自念佛無所從來，我亦無所至；自念三處：欲處、色處、無想處，是三處意所為耳，我所念即見。心作佛，心自見，心是佛，心是怛薩阿竭，心是我身，心見佛，心不自知心，心不自見心，心有想為癡，心無想是泥洹，是法無可樂者，皆念所為，設使念為空耳，設有念者，亦了無所有。如是，颰陀和！菩薩在三昧中立者，所見如是。」

佛爾時頌偈曰：

心者不知心，　有心不見心，
心起想則癡，　無想是泥洹。
是法無堅固，　常立在於念，
以解見空者，　一切無想念。

四事品第三

「菩薩有四事法，疾逮得⊙是三昧。何等為四？一者、所信無有能壞者，二者、精進無有能逮者，三者、所入智慧無有能及者，四者、常與善師從事，是為四。菩薩復有四事，疾得是三昧。何等為四？一者、不得有世間思想，如指相彈頃三月；二者、不得臥出三月，如指相彈頃；三者、經行不得休息，不得坐三月，除其飯食左右；四者、為人說經，不得望人衣服、飲食；是為四。菩薩復有四事，疾得是三昧。何等為四？一者、合會人至佛所，二者、合會人使聽經，三者、不嫉妬，四者、教人學佛道，是為四。菩薩復有四事，疾得是三昧。何等為四？一者、作佛形像，若作畫，用是三昧故；二者、用是三昧故，持好疋素，令人寫是三昧；三者、教自貢高人，內佛道中；四者、常護佛法；是為四。」

時佛說偈而歎曰：「常當樂信於佛法，誦經念空莫中止，精進除睡臥，三月莫得懈。坐說經時，安諦受學，極當廣遠；若有供養、饋遺者莫得喜，無所貪慕，得經疾。佛者，色如金光，身有三十二相，一相有百福功德，端政如天金成作，過去佛、當來佛悉豫自歸，今現在佛，皆於人中最尊。常念供養，當供養於佛，花香、擣香、飯食具足當持善意，用是故，三昧離不遠。持常鼓樂、倡伎，樂於佛心，常當娛樂。為求是三昧者，當作佛像，種種具足，種種姝好，面目如金光。求是三昧者，所施常當自樂，與持戒當清潔高行，棄捐懈怠，疾得是三昧不久。瞋恚不生，常行於慈心，常行悲哀，等心無所憎惡，今得是三昧不久。極慈於善師，視當如佛，瞋恚、嫉貪不得有，於經中施，不得貪，如是教，當堅持諸經法，悉當隨是入，是為諸佛之道徑，如是行者，今得三昧不久。」

佛告颰陀和：「如是[1]菩薩當慈心常樂於善師，所視師當如佛，悉具足承事。欲書是三昧經時，若欲學時，菩薩敬師如是。颰陀和！菩薩於善師有瞋恚，有持善師短，視善師不如佛者，得三昧難。譬如，颰陀和！[2]明眼人，夜半視星宿，見星*宿甚☆衆多。如是，颰陀和！菩薩持佛威神，於三昧中立，東向視見若干百佛，若干千佛，若干萬佛，若干億佛，如是十方等悉見諸佛。」

佛告颰陀和：「是菩薩如佛眼，悉知悉見。如是，颰陀和！是菩薩欲得今現在諸佛悉在前立三昧，布施當具足，持戒如是，忍辱、精進、一心、智慧，度脫智慧身悉具足。」

時佛歎曰：「如淨眼人，夜半上向視星宿不可計，晝日思念悉見。菩薩如是逮得三昧者，見不可復計百千佛，從三昧中覺，以悉念見，自恣為諸弟子說。」

佛言：「如我眼清淨，常見於世間，菩薩如是得三昧，以見不可復計佛，見佛不視身相，但視十種力。不如世間人有貪，消滅諸毒，以清淨不復想。菩薩逮功德如是，聞是經，遵是經如泥洹，聞是法空空，無有恐怖。我當作是說經，用衆人民故，皆令得佛道。」

佛言：「如我比丘阿難黠慧，聞經即受持，菩薩如是逮得是三昧，以聞不可計經卷悉受持。」

佛言：「如阿彌陀佛剎諸菩薩，常見不可計佛，如是菩薩得三昧，以常見不可計佛，所信常有哀心，譬如渴者欲得飲，常有極大慈，棄捐世俗事，常樂持經施，用是故清淨，得三昧不久。」

譬喻品第四

佛告颰陀和：「菩薩慈求三昧者，得是三昧已，不精進行者。譬如，颰陀和！有人載滿*船珍寶，欲持度大海，未至，船中道壞，閻浮利人皆大悲念：『亡我爾所珍寶。』如是，颰陀和！是菩薩聞是三昧已，不書、不學、不誦、不持，如中法，一切諸天人民皆為大悲憂，言：『乃亡我爾所經寶。』用失是深三昧故。」

佛言：「是三昧經者，是佛所囑，佛所稱譽，聞是深三昧經者，不書、不學、不誦、不守、不持如法者，反復愚癡⊙人自用以為高耶，不受是經，意欲高才，反不肯學是三昧。譬如，颰陀和！愚癡之子，有人與滿手栴檀香，不肯受之；反謂與之不淨栴檀香，其貨主語其人言：『此栴檀香，卿莫謂不淨乎！且取嗅之，知香不？試視之，知淨不？』癡人閉目不視，不肯嗅。」

佛言：「其聞是三昧者，如是不肯受之，反棄捨去，是為不持戒人，反捨是珍寶經，是為愚癡無智，自用得禪，具足為度，反呼世間為有，不入空，不知無，其人聞是三昧已，不樂不信，不入中，反作輕戲語：『佛亦有深經乎？亦有威神乎？』反形言：『世間亦有比丘如阿難乎？』」

佛言：「其人從持是三昧者所去，兩兩三三相與語云：『是語是何等說乎？是何從所得是語乎？是為自合會作是語耳，是經非佛所說。』」

佛告颰陀和：「譬如賈客持摩尼珠示田家癡子，其人問賈客：『評此幾錢？』賈客答言：『夜半時於冥處，持是摩尼珠著冥中，其明所照至，直滿其中寶。』」

佛言：「其人殊不曉其價，反形是摩尼珠言：『其價能與一頭牛等不？寧可貿一頭牛。想是不復過此，與我者善，不肯者已。』如是，颰陀和！其人聞是三昧不信者，反形是經如是。」

佛言：「如菩薩持是三昧，受信者便隨行，四面皆擁護無所畏，持禁戒完具為得高明，黠慧深入，為他人說之。菩薩當持是三昧分布語人，展轉相傳，當令是三昧久在。」

佛言：「癡人自於前世佛所，不供養，不作功德，反自貢高，多行誹謗、嫉妬、用財利故，但欲求名，但欲嘩說，不得善師，亦不明經；聞是三昧已，不信、不樂、不入中，反誹謗人，言：『是彼不知愧為自作是經耳，是經非佛所說。』」

佛告颰陀和：「今我具語汝。如是，颰陀和！求菩薩道者，若善男子、善女人持是三千國土滿其中珍寶施與佛，設有是功德，不如聞是三昧，若有菩薩聞是三昧信樂者，其福轉倍多。」

時佛歎曰：「是三千國土滿其中珍寶施於佛，持用求佛，復有異人持是三昧者，是佛所稱譽，聞信者其福倍多。」

佛言：「是迷惑自貢高人、不信者及與惡知識從事，聞此經不信不樂，是為於我經中怨家無異；是不持戒人在自大中，其餘人展轉聞其言信隨之，此為壞佛法。其人相告言：『是經為非佛所說。』直作是誹謗。」

佛言：「有信是三昧者，其人宿命曾見過去佛已，用是故，我為是信者說是三昧耳。是輩之人常護佛法，聞是經信樂者，當作是知，離佛不遠。若持戒堅者，常正心恭敬於經，我用是故為是人說耳。」

佛告跋陀和：「我所說無有異，爾故說是語耳。今見我說是三昧者，其人却後世時，聞是三昧終不疑，不形笑，不言：『不信』，除在惡師邊；正使在善師邊，其功德薄少。如是輩人，復轉與惡師從事；是輩人者，聞是三昧不信、不樂、不入中，何以故？其人未久學，所更佛少，所信智慧少，故不信耳。」

佛告颰陀和：「其有菩薩聞是三昧，不形笑，不誹謗者，歡喜不中疑，不言：『乍信、乍不信。』樂書、樂學、樂誦、樂持。」

佛言：「我悉豫知、豫見已，其人不獨於一佛所作功德，不於二、若三、若十，悉於百佛所聞是三昧；却後世時，聞是三昧者，書學誦持經卷，最後守一日一夜，其福不可計，自致阿惟越致，所願者得。」

佛告颰陀和：「聽我說譬喻。譬如，颰陀和！有人取一佛剎，悉破碎如塵；其人取此一塵，悉復破盡如一佛剎塵；都盧悉取一一塵，皆復塵碎盡如一佛剎塵。云何，颰陀和！是塵其數寧多不？」

颰陀和言：「甚多！甚多！天中天！」

佛告颰陀和：「我為汝曹引此譬喻，若有一菩薩盡取是一塵置一佛剎，其數爾所佛剎滿其中珍寶悉持供養諸佛，不如聞是三昧；若復有一菩薩聞是三昧已，書學誦持為他人說，◎守須臾間，是菩薩功德不可復計。」

佛言：「持是三昧者，書學誦持為他人說，其福乃爾，何況守是三昧悉具足者！」

佛爾時頌偈曰：

三千大千之國土，滿中珍寶用布施，設使不聞是*經藏☆，其功德福為薄少。
若有菩薩求衆德，當講奉行是三昧，疾悉諷誦此經法，其功德福無有量。
如一佛國塵世界，皆破壞碎以為塵，彼諸佛土過是數，滿中珍寶用布施。
其有受持是世尊，四句之義為人說，是三昧者諸佛慧，得聞功德叵比喻。
何況有人自講說，受持諷誦念須臾，轉加增進奉行者，其功德福無有量！
假使一切皆為佛，聖智清淨慧第一，皆於億劫過其數，講說一偈之功德。

至於泥洹讚詠福，無數億劫悉歎誦，不能盡究其功德，於是三昧一偈事。
一切佛國所有地，四方四隅及上下，滿中珍寶以布施，用供養佛天中天。
若有聞是三昧者，得其福祐過於彼，安諦諷誦講說者，引譬功德不可喻。
其人貢高終不起，亦無有*趣惡道時，解了深法不疑結，行斯三昧德如是。
學士為以見奉吾，德重精進普不著，增益信明為菩薩，力學三昧佛所讚。
屬累汝等常勸教，力行精進無放逸，自勖勇猛勤修行，令得大道不復反。
其有誦受是三昧，已為面見百千佛，假使最後大恐懼，持此三昧無所畏。
行是比丘以見我，常為隨佛不遠離，菩薩聞習三昧者，義當受持為人說。
菩薩得是三昧者，爾乃名曰博達慧，為逮總持佛稱譽，疾成佛道智如海。
常恒誦說是三昧，當從佛法世尊教，聞其種姓得等覺，如佛所說無有異。

般舟三昧經卷上

般舟三昧經卷中

後漢月氏三藏支婁迦讖譯

無著品第五

佛告颰陀和：「是菩薩三昧當云何？譬如佛今於若前說經，菩薩當作是念：『諸佛悉在前立。』當具足念：『諸佛端正，悉欲逮見一一*相。』當想識無有能見諸佛頂上者，悉具足作是想，見諸佛當作是念：『我身亦當逮得如是，亦當逮得身想如是，亦當逮得持戒三昧如是。』當作是念：『我當從心得？從身得？』復更作念：『佛亦不用心得，亦不用身得，亦不用心得佛，亦不用色得佛。何以故？心者佛無心，色者佛無色，不用是心、色得阿耨多羅三藐三菩提。何以故？佛色以盡，佛痛痒、思想、生死、識了盡。佛所說盡者，愚癡不見不知，智者曉了之。』作是念：『當持何等念得佛？當持身得佛？當持智慧得佛？』復作是念：『亦不用身得佛，亦不用智慧得佛。何以故？智慧索不能得，自復索我了不可得，亦無所得，亦無所見；一切法本無所有，念有因著，無有反言有，亦著是兩者，亦不念，亦不復適得其中，但用是故，亦不在邊，亦不在中，亦不有，亦不無。何以故？諸法空[1]如泥洹，亦不壞，亦不腐，亦不堅，亦不在是間，亦不在彼邊，無有想，不動搖。何等為不動搖？智者不計，是故不動搖。』

「如是，颰陀和！菩薩見佛，以菩薩心念無所著。何以故說無所有？經說無所有中不著，壞本、絕本，是為無所著。如是，颰陀和！是菩薩守是三昧，當作是見佛，不當著佛。何以故？設有所著，為自燒，譬如大叚鐵著火中燒，正赤，有智者不當以手持。何以故？燒人手。如是，颰陀和！菩薩見佛不當著色，痛痒、思想、生死、識不當著。何以故？著者為燒身。見佛但當念其功德，當索摩訶衍。」

佛告颰陀和：「是菩薩於三昧中，不當有所著，不著者疾得是三昧。」

佛爾時頌偈言：

如新磨鏡盛油器，女人莊飾自照形，於中起生婬欲心，放逸恣態甚迷荒，
追不至誠虛捐法，為色走使燒其身，女人患害從是起，用不解法非常空，
有想菩薩亦如是，我當成佛逮甘露，度脫人民憂惱患，有人想故為不解。
求索人本不可得，亦無生死及泥洹，法不可擁如水月，觀察佛道無歸趣。
黠慧菩薩當了是，解知世間悉本無，於諸人物無所著，疾速於世得佛道。
諸佛從心解得道，心者清淨明無垢，五道鮮潔不受色，有解是者成大道。
一切諸法無色漏，離想者空無想空，絕去婬欲則脫心，有解此者得三昧。
精進奉行求佛道，常聽諸法本清淨，無得行求無不求，於是三昧不難得。
觀察所有如虛空，道意寂然審第一，無想無作亦無聞，是為解了尊佛道。
見一切色不想念，眼無所著無往來，常觀諸佛等如空，已度世間諸所求。
其人清淨眼無垢，奉行精進常寂然，無量經法悉受持，思惟分別是三昧。

行是三昧無所著，除一切冥得定意，不見世雄無賢聖，諸外異道聞此惑。
超度思想當志求，心以清淨得見佛，覩諸佛已不復見，爾乃解是尊三昧。
於地水火莫能礙，風種虛空亦不蔽，行是精進見十方，坐遙聽受所化法。
如我於是講說經，樂道法者面見佛，作行懃力而不著，唯從世尊所說法。
行者如是無所念，專聽道義興法施，常念解了是三昧，普諦受誦佛所講。
過去諸佛皆論法，當來世尊亦復然，讚說宣布分別義，皆共嘆講是三昧。
我亦如是為人尊，在世無上衆生父，皆悉解知此道眼，故解說示寂三昧。
其有講受是三昧，身常安隱意不荒，是為諸佛無量德，致尊佛道獲不難。
廣採衆經不可議，欲達一切諸佛化，速疾去欲諸垢塵，精進行是淨三昧。
現世欲見無數佛，樂從諸尊聽受法，速疾去色除所著，行是清淨寂三昧。
於是無貪及瞋恚，捨離愚癡捐憎愛，棄遠無黠除狐疑，如是得解空三昧。

般舟經四輩品第六

颰陀和菩薩白佛：「難及天中天說三昧者！若有菩薩棄愛欲，作比丘，聞是三昧已，當云何學？云何持？云何行？」

佛言：「若有菩薩棄愛欲，作比丘，意欲學是三昧者，誦是三昧者，持是三昧者，當清淨持戒，不得缺戒，大如毛髮。何等為菩薩不缺戒？一切悉護禁法，出入行法悉當護，不得犯戒大如毛髮，常當怖畏，遠離於諛諂，悉當護禁。作是護者，是為清淨持戒。何等為菩薩缺戒者？是菩薩求色。何等為求色？其人意念：『持是功德，使我後世生若作天，若作遮迦越王。』」

佛言：「用是比此菩薩為缺戒，其人久持是行，持是戒，持是自守福欲所生處，樂於愛欲中，是為毀戒。」

佛告颰陀和：「是菩薩比丘欲學是三昧者，清淨持戒，完具持戒，不諛諂持戒，當為智者所稱譽，為羅漢所稱譽。於經中當布施，當精進。所念強，當多信勸樂，常承事於和上，當承事於善師，所從聞是三昧者，所可聞是三昧處，當視其人如佛。」

佛告颰陀和：「是菩薩視師如視佛者，得三昧疾；設不恭敬於善師，輕易於善師，欺調於善師，正使久學是三昧，久持久行，設不恭敬師者，疾亡之。」

佛告颰陀和：「是菩薩，若從比丘、比丘尼、優婆塞、優婆夷所得聞是三昧當視如佛，所聞三昧處當尊敬。」

佛告颰陀和：「菩薩所聞是三昧處，不當持諂意，向是菩薩不得諂意，常當樂獨處止，不惜身命，不得悕望人有所索，常行乞食，不受請，不嫉妬，自守節度，如法住，所有趣足而已，經行不得懈，不得臥出。如是，颰陀和！如是經中教其棄愛欲，作比丘，學是三昧者，當如是守。」

如是，颰陀和菩薩白佛：「難及天中天所說法！若有後世懈怠菩薩聞是三昧已，不肯精進，其人自念：『我當於後⊙世當來佛所索是三昧耳！云何言我曹身羸極有病瘦，恐不能求！』聞是經已，懈怠不精進。若復有菩薩精進者，欲學是經，當教之隨是經中法教，用是經故，不惜軀命，不望人有所得者，有人稱譽者不用喜，不大貪鉢震越，無所愛慕，常無所欲，聞是經不懈怠常精進，其人不念

：『我當於後當來佛所乃求索。』自念：『使我筋骨髓肉皆使枯腐，學是三昧終不懈怠。』自念：『我終不懈怠死也。』聞是經已，無不歡樂。」

時，佛言：「善哉！善哉！颰陀和！所說者無有異，我助其歡喜，過去、當來、今現在佛悉助歡喜。」

佛爾時頌偈言：

如我今所說法，悉受學獨處止，行功德自守節，是三昧不難得。
常乞食不受請，悉棄捨諸欲樂，所從聞是三昧，敬法師如世尊。
有誦行是三昧，常精進莫懈怠，不得惜於經法，不求供乃與經。
其有受是三昧，爾乃為是佛子，學奉行如是者，得三昧終不久。
常懃力不懈怠，除睡眠心開解，當遠離惡知識，然後從是法行。
去放逸不休息，常捨離衆聚會，比丘求斯三昧，隨佛教當如是。

颰陀和菩薩白佛：「比丘尼求菩薩道，欲學是三昧，欲守是三昧，當持何等法住，學守是三昧？」

佛告颰陀和：「比丘尼求摩訶衍三拔致，是三昧學守者，當謙敬，不當嫉妬，不得瞋恚，去自貢高，去自貴大，却於懈怠，當精進，棄於睡眠，不得臥出，悉却財利，悉當淨潔護，不得惜軀命，常當樂於經，當求多學當棄婬恚癡，出魔羅網去當棄所好服飾、珠環，不得惡口，不得貪愛好鉢震越，當為人所稱譽，不得有諛諂。學是三昧時，當敬善師視如佛，當承是經中教，守是三昧。」

佛爾時頌偈言：

比丘尼行恭敬，　不妬嫉離瞋恚，　除憍慢去自大，　行是者得三昧。
當精進却睡臥，　捐所欲不貪壽，　一心慈於是法，　求三昧當如是。
無得聽貪婬心，　棄瞋恚及愚癡，　莫得墮魔羅網，　求三昧當如是。
設有學是三昧，　無調戲捨貪身，　一切捐衆狐疑，　當至誠不虛飾。
捨小慈常大慈，　敬善師無己已，　當去離於衆惡，　求三昧當如是。
行求法欲得者，　不貪著鉢震越，　從人聞爾三昧，　視如佛等無異。

颰陀和菩薩白佛：「若有白衣菩薩，居家修道，聞是三昧已，欲學者，欲守者，當云何於法中立，學守是三昧？」

佛告颰陀和：「白衣菩薩聞是三昧已，欲學守者，當持五戒，堅淨潔住。酒不得飲，亦不得飲他人；不得與女人交通，不得自為，亦不得教他人為，不得有恩愛於妻子，不得念男女，不得念財產；常念欲棄妻子，行作沙門；常持八關齋，齋時常當於佛寺齋；常當念布施，不念我當自得其福，當用萬民故施；常當大慈於善師，見持戒比丘不得輕易說其惡。作是行已，當學、當守是三昧。」

佛爾時頌偈言：

有居家菩薩，　欲得是三昧，　常當學究竟，　心無所貪慕。
誦是三昧時，　思樂作沙門，　不得貪妻子，　捨離於財色。
常奉持五戒，　一*日八關齋，　齋時於佛寺，　學三昧通利。
不得說人惡，　無形輕慢行，　心無所榮冀，　當行是三昧。
奉敬諸經法，　常當樂於道，　心無有諂偽，　棄捨慳妬意。
有學是三昧，　常當行恭敬，　捨自大放逸，　奉事比丘僧。

颰陀和菩薩白佛：「若有優婆夷求摩訶衍三拔致，聞是三昧已，欲學守者，當行何等法，學守是三昧？」

佛告颰陀和：「若優婆夷求摩訶衍三拔致，聞是三昧已，欲學守者，當持五戒，自歸於三。何等為三？自歸於佛、歸命於法、歸命於比丘僧；不得事餘道，不得拜於天，不得示吉良日，不得調戲，不得慢恣，不得有貪心。優婆夷常當念布施歡，樂欲聞經，力多學問，優婆夷常當敬重於善師，心常不倦不懈；若比丘、比丘尼過者，常以坐席賓主飲食待之。」

佛爾時頌偈言：

若有優婆夷，　誦是三昧者，　當從佛法教，　奉五戒完具。
守是三昧時，　當尊敬於佛，　及法比丘衆，　恭敬其善師。
不得事餘道，　勿祠祀於天，　行是三昧者，　見人立迎逆。
除去殺盜婬，　至誠不兩舌，　無得向酒家，　當行是三昧。
心不得懷貪，　常當念施與，　除去諛諂意，　無得說人短。

常當恭敬事，　比丘比丘尼，　聞法語悉受，　學三昧如是。

般舟經授決品第十

颰陀和菩薩問佛：「少有及者，天中天！怛薩阿竭乃說是三昧。諸菩薩所樂精進行，無有懈怠於阿耨多羅三藐三菩提。佛般泥洹後，是三昧者當在閻浮利內不？」

佛告颰陀和菩薩：「我般泥洹後，是三昧者當現在四十歲，其後不復現；却後亂世，佛經且欲斷時，諸比丘不復承用佛教；然後亂世時，國國相伐，於是時，是三昧當復現閻浮利內，用佛威神故，是三昧經復為出。」

颰陀和菩薩、羅隣那竭菩薩從坐起，正衣服，叉手於佛前，白佛：「佛般泥洹後亂世時，我曹共護是三昧，持是三昧，具足為人說之，聞是經卷無有厭極時。」

摩訶須薩和菩薩、憍曰兜菩薩、那羅達菩薩、須深菩薩、因坻達菩薩、和輪調菩薩共白佛言：「佛般泥洹去，却後亂世時，是經卷者，我輩自共護持，使佛道久在；其有未聞者，我輩當共為說，教授是深經，世間少有信者，我曹悉受之。」

時五百人從坐起，比丘、比丘尼、優婆塞、優婆夷皆叉手於佛前住，白佛：「佛般泥洹後亂世時，聞是三昧，悉自持護，願持。」

我五百人囑累是八菩薩時，佛笑，口中金色光出，至十方不可計佛國悉照明，還遶身三匝，從頭上入。阿難從坐起，更被袈裟，前至佛所，為佛作禮，却住叉手，以偈讚曰：

其心清淨行無穢，神通無極大變化，已過諸礙超衆智，光明除冥去垢塵。
智慧無量心普解，佛天中天鷗鴨音，一切外道莫能動，何緣而笑出妙光？
願正真覺為解說，慈愍一切衆生尊，若有聞佛柔濡音，解釋達聖化俗行。
世尊所感非唐擧，衆聖導師不妄笑，今者誰當在決中？世雄願為解此意。
今日誰住道德堅？誰當逮得興妙行？誰今受得深法藏？無上道德衆所歸！
今日誰當愍世間？誰當奉受是法教？誰堅立於佛智慧？世尊願為解說之！

佛爾時為阿難說偈言：

佛語阿難汝見不？五百人等在前立！其心歡然歌頌曰，我等亦當逮是法！
顏色和悅敬*禮佛，我等何時得如是！皆悉竦立嗟嘆佛，我輩會當逮如是！
五百人等今現在，名字雖異本行同，常樂奉受是深經，於當來世亦復然。
今我囑累告汝等，佛慧無量知彼本，是等不獨見一佛，亦不立此得其慧。
徹照彼之宿世命，以曾更見八萬佛，五百人等存在道，常解經義勉行成。
勸助無數諸菩薩，常行慈哀護經法，勸化一切衆人民，悉令逮得大道行。
知見過去諸世尊，覩八十億那術數，名德普大脫於心，擁護是法三轉行。
現世於此受我教，分*別供養是舍利，安諦受習佛所化，皆悉諷誦有所付。
著於塔寺及山中，若付天龍乾陀羅，各各轉授經卷已，壽命終訖生天上。
天上壽盡還世間，各各而生異種姓，當復取此佛道行，分別是經如所願。
用愛樂斯經法故，求輒得之持奉行，令無數人得聽聞，欣踊難量心無等。
是等黠慧不厭法，非貪軀體及壽命，降伏一切諸外道，授與經法弘其志。
是經法者無能得，及持諷誦講說者，今四輩人住我前，五百之衆能堪持。

是八菩薩颰陀和，羅隣那竭那羅達，摩訶須薩和輪調，因坻須深惰曰兜。
比丘及尼清信士，奉玄妙法上義句，常以經道哀世間，宣暢方等普流化，
颰陀和等八菩薩，於五百衆為英雄，常當奉持方等經，於世之俗無所著。
釋一切縛解空慧，紫磨金色百福相，恒行慈哀度衆生，施以安隱滅諸塵。
壽終之後生法家，不復歸於三惡道，世世相隨常和協，然後逮得尊佛道。
已棄捐於八難處，遠離一切諸惡道，其功德行莫能稱，所受福祐無能量。
當復值見彌勒佛，咸同一心往自歸，悉共供養等慈哀，逮於無上寂滅句。
其心僉然而和同，正意奉事人中尊，不猗俗事得法忍，疾逮無上大道行。
彼常奉持此經法，夙興夜寐而諷誦，殖衆功德修梵行，覩彌勒時義若此。
於是賢劫所興佛，慈哀世間放光明，每所在處普持法，奉事去來現在佛。
皆悉供養諸世雄，見三世尊無衆毒，當疾逮得尊佛道，不可思議無有量。
中有前得佛道者，後人展轉相供養，不可計劫那術數，如是終竟乃斷絕。
於是居士颰陀和，羅隣那竭那羅達，及須薩和惰曰兜，曾見諸佛如恒沙。

常當奉事正法化，宣布諸佛無億教，道行無量不可稱，至于無數億劫中。
假使有人受持名，所周旋處若夢中，如是勇猛導世間，皆當逮得無上道。
若有覩見及聞聲，其心欣然踊躍者，皆得佛道不復疑，何況奉受供養者。
若瞋恚之及罵詈，持惡意向撾捶者。於是八人威神恩，尚使得佛況恭敬。
彼所受法不可議，名稱無量及壽命，光明無限德無疑，智慧無量行亦然。
常得面見無量佛，清淨之戒如恒沙，於是廣普行布施，以用求索無上道。
無數億劫說其福，莫能齊限厥功德，受是經法誦習者，逮於大道不復難。
其有愛樂此經卷，受誦諷持講說者，當知五百人中人，其心愛樂終不疑。
假使施得是經法，愛樂道義加精進，行清淨戒除睡臥，逮是三昧終不難。
欲獲安隱布經戒，比丘受學在閑居，常行分衛知止足，逮是三昧終不難。
捨離衆鬧不受請，口莫貪味棄愛欲，所從聞是經法者，敬如世尊常供事。
除去慳貪受是法，斷絕婬欲棄愚癡，發起大道心無疑，然後學行是三昧。
行無所著捨諸欲，常自謹慎棄恚恨，精進奉行佛法教，然後受學是三昧。

不貪男女及所有，遠離憍慢并妻妾，居家修道常慚愧，然後學誦是三昧。
無賊害心行柔順，不樂謗訕捨諸惡，不用色求得法忍，當善諷誦是三昧。
若比丘尼學是法，常當恭敬棄憍慢，遠離調戲及貢高，得是三昧不復難。
常行精進除睡臥，不計吾我諸人物。愛樂法者不惜命，然後學誦是三昧。
制婬妷意捨所著，無瞋恚心棄諛諂，終不復墮魔羅網，持是三昧得如是。
於諸眾生行平等，除去放逸眾塵埃，性無卒暴及麁言，然後學誦是三昧。
於鉢震越及衣服，不得須臾有貪愛，尊敬善師視如佛，然後學誦是三昧。
以逮善利離惡道，一心信樂佛法教，遠離一切八難處，持是經者得如是。

般舟經擁護品第八

颰陀和菩薩、羅隣那竭菩薩、憍曰兜菩薩、那羅達菩薩、須深菩薩、摩訶須薩和菩薩、因坻達菩薩、和倫調菩薩見佛所說，是八菩薩皆大歡喜，持五百劫波育錦衣，持珍寶布施，持身自歸，供養佛。佛語阿難：「是颰陀和等，於五百菩薩人中之師，常持中正法，合會隨順教，莫不歡喜者，歡樂心、隨時心、清淨心、却欲心。」

是時，五百人皆叉手立佛前。颰陀和菩薩白佛言：「菩薩持幾事得是三昧？天中天！」

佛言：「菩薩有四事，疾得是三昧。何等為四？一者、不信餘道，二者、斷愛欲，三者，如法行，四者，無所貪生，是為四。菩薩疾得是三昧。」

佛告颰陀和：「若有菩薩學是三昧者，若持、若誦、若守，今世即自得五百功德。譬如，颰陀和！慈心比丘終不中毒，終不中兵，火不能燒，入水不死，帝王不能得其便。如是，菩薩守是三昧者，終不中毒，終不中兵，終不為火所燒，終不為水所沒，終不為帝王得其便。譬如，颰陀和！劫盡壞燒時，持是三昧菩薩者，正使墮是火中，火即為滅。譬如大甖水滅小火。」

佛告颰陀和：「我所語無有異，是菩薩持是三昧者，若帝王、若賊、若水、若火、若龍、若蛇、若閱叉鬼神、若猛獸、若大蟒、若蛟龍、若師子、若虎、若狼、若狗、若人、若非人、若狮玃、若薜荔、若鳩洹鬼神、若欲嬈人、若欲殺人、若欲奪人鉢震越、若壞人禪奪人念，設欲中是菩薩者，終不能中。」

佛言：「如我所語無有異，除其宿命所請，其餘無有能中者。」

佛言：「我所語無有異，若有菩薩持是三昧者，終不病目，若耳、鼻、口、身體無病，其心終不憂、終不厄；是菩薩若死、若近死，設有是患者，佛語為有異，除其宿命所作。

「復次，颰陀和！是菩薩諸天皆稱譽，諸龍皆稱譽，諸閱叉鬼神皆稱譽，諸阿須輪皆稱譽，迦留羅鬼神、真陀羅鬼神、摩睺勒鬼神、若人、非人皆稱譽是菩薩，諸佛、天中天皆稱譽是菩薩。復次，颰陀和！是菩薩為諸天所護，為諸龍所護，四天王、釋提桓因、梵三鉢天皆護是菩薩，閱叉鬼神、乾陀羅鬼神、阿須倫鬼神、迦留羅鬼神、真陀羅鬼神、摩睺勒鬼神、若人、非人皆共擁護是菩薩，諸佛、天中天皆共擁護是菩薩。復次，颰陀和！是菩薩為諸天所敬愛，諸龍閱叉鬼神、乾陀羅鬼神、阿須倫鬼神、迦留羅鬼神、真陀羅鬼神、摩睺勒鬼神、若人、非人皆共敬愛*是菩薩，諸佛、天中天皆無有愛欲，以道德故皆復敬愛是菩薩。

「復次，颰陀和！是菩薩諸天皆欲見之，諸龍、閱叉鬼神、乾陀羅鬼神、阿須倫鬼神、迦留羅鬼神、真陀羅鬼神、摩睺勒鬼神、若人、非人皆思樂欲見是菩薩，諸佛、天中天皆各各欲使是菩薩往到其所，用人民故欲使往。復次，颰陀和！是菩薩諸天皆來至其所，諸龍、閱叉鬼神、乾陀羅鬼神、阿須輪鬼神、迦留羅鬼神！真陀羅鬼神、摩睺勒鬼神、若人、非人皆來至是菩薩所，與共相見；諸佛、天中天，菩薩不但晝日見，夜於夢中，若見諸佛身，若諸佛各各自說其名字。

「復次，颰陀和！是菩薩所未誦經，前所不聞經卷，是菩薩持是三昧威神，夢中悉自得其經卷名，各各悉見悉聞經聲；若晝日不得者，若夜於夢中悉見得。」

佛告颰陀和：「若一劫、若復過一劫，我說是菩薩持是三昧者，說其功德不可盡竟，何況力求得是三昧者！」

佛爾時頌偈言：

若有菩薩學誦是，佛說三昧寂定義，假使欲嘆其功德，譬如恒邊減一沙。

刀刃矛戟不中傷，盜賊怨家無能害，國王大臣喜悅向，學此三昧得如是。

蚖蛇含毒誠可畏，見彼行者毒疾除，不復瞋恚吐惡氣，誦是三昧得如是。

怨讎嫌隙莫能當，天龍鬼神真陀羅，覩其威光皆嘿然，學此三昧得如是。

山野弊狼及大蟒，師子猛虎鹿狮玃，無傷害心攝藏毒，悉來親護是行者。

弊惡鬼神將人魂，諸天人民懷害心。感其威神自然伏，學此三昧得如是。

其人不病無苦痛，耳目聰明無闇塞，言辭辯慧有殊傑，行三昧者速逮是。

其人終不墮地獄，離餓鬼道及畜生，世世所生識宿命，學此三昧得如是。

鬼神乾陀共擁護，諸天人民亦如是，并阿須倫摩睺勒，行此三昧得如是。

諸天悉共頌其德，天人龍鬼真陀羅，諸佛嗟歎令如願，諷誦說經為人故。

其人道意不退轉，法慧之義而無盡，姿顏美艷無與等，誦習此經開化人。

國國相伐民荒亂，飢饉荐臻懷苦窮，終不於中夭其命，能誦此經化人者。

勇猛降伏諸魔事，心無所畏毛不竪，其功德行不可議，行此三昧得如是。

妖蠱幻化及符*呪，穢濁邪道不正行，終無有能中其身，用愛樂法達本故。

一切悉共歌其德，具足空慧佛尊子，然後當來最末世，手得是經得如是。
常行精進懷喜踴，同心和悅奉此法，受持經卷講諷誦，今我以是為彼說。

般舟經羼羅耶佛品第九

佛告颰陀和：「乃往昔時不可計阿僧祇劫，爾時，有佛名羼羅耶佛、怛薩阿竭、阿羅訶、三耶三佛於世間極尊，安定於世間，於經中大明，天上天下號曰天中天。爾時，有長者子名須達，與二萬人俱，來至羼羅耶佛所，為佛作禮，却坐一面。須達長者子問羼羅耶佛是三昧，羼羅耶佛知須達長者子心所念，便為說是三昧。須達長者子聞是三昧已，大歡喜，即悉諷受得作沙門，求是三昧八萬歲。時長者子須達從佛聞經甚眾多，悉從無央數佛聞經，其智慧甚高明。長者子須達其後壽終生忉利天上，以後復從天上來下生世間。爾時，故劫中復有佛，名術闍波提怛薩阿竭、阿羅呵、三耶三菩。時佛在剎利家生；爾時，長者子須達復於佛所聞是三昧，復求之。時長者子須達其後復於故劫中，復有佛，名賴毘羅耶怛薩阿竭、阿羅呵、三耶三佛，婆羅門種；時長者子須達復於佛所受是三昧，求守八萬四千歲。」

佛告颰陀和：「長者子須達却後八萬劫得作佛，名提和竭羅。爾時，長者子須達為人高明，勇猛智慧甚廣。」

佛言：「見是三昧不？颰陀和！饒益乃爾，使人成就得佛道。若有菩薩得是三昧者，當學誦、當持、當教人、當守，如是者得佛不久。*汝曹知不？颰陀和！是三昧者，是菩薩眼，諸菩薩母，諸菩薩所歸仰，諸菩薩所出生。*汝知不？颰陀和！是三昧者，破去於冥，明於天上天下。*汝知不？颰陀和！是菩薩三昧者，是諸佛之藏，諸佛之地，是珍寶淵海之泉，是無量功德之鎮，益明哲之經，當作是知。三昧所出如是，從是中出佛，聞經正立於四意止中。何等為四意止中？一者、自觀身、觀他人身，自觀身、觀他人身者本無身；二者、自觀痛痒、觀他人痛痒，自觀痛痒、觀他人痛痒者本無痛痒；三者、自觀意、觀他人意，自觀意、觀他人意者本無意；四者、自觀法、觀他人法，自觀法、觀他人法者本無法。」

佛告颰陀和：「是三昧誰當信者？獨怛薩阿竭、阿羅呵、三耶三佛、阿惟越致、阿羅漢乃信之耳。有愚癡迷惑心者，離是現在佛前立三昧遠。何以故？是法當念佛，當見佛。」

佛告颰陀和：「是菩薩當念佛，當見佛，當聞經，不當有著。何以故？佛本無，是法無所因。何以故？本空無所有。各各行法念，是法中無所取，是法無所著。如空等甚清淨；是法人所想，了無所有無所有；是法假所因者，空寂耳，如泥洹；是法無所有，本無是法，無所從來，亦無所從去，人本無；是法不著者近，有著者遠。」

佛告颰陀和：「若有守是三昧者，因想入無想中，見佛、念佛、守覺、聞經。念法守覺，不得念我，不得著法。何以故？有守覺。颰陀和！有守覺不見佛，有所著如毛髮，不得法，施他人有所悕望為不施，持戒有所悕望為不淨，貪於法不得泥洹，於經中有諛諂，不得為高明。樂於衆會中，喜於餘道，終不能得一行；於欲中念難，有瞋恚不能忍辱，有所憎惡不得說他人；善求阿羅漢道者，不得於是見，現在佛悉在前立三昧中不逮，無所從來，生法樂，於中立；有所著不得空；菩薩終不得慳貪，有懈怠不得道，有婬泆不入觀，有所念不入三昧。」

佛爾時頌偈言：

是等功德不可計，奉戒具足無瑕穢，其心清淨離垢塵，行此三昧得如是。
設有持是三昧者，智慧普大無缺減，博達衆義常不忘，功德之行如月明。
設有持是三昧者，解了覺意不可識，曉知無量之道法，無數諸天護其德。
設有持是三昧者，常自面見無數佛，聞無量佛講說法，輒能受持念普行。
設有持是三昧者，惡罪懃苦皆滅除，諸佛於世行愍哀，悉共嗟嘆是菩薩。
假使菩薩欲覩見，當來無數佛世尊，一心踴躍住正法，當學諷誦是三昧。
其有持是三昧者，其功德福不可議，逮得人身最第一，出家超異行分衛。
若有末後得是經，逮功德利最第一，得其福祐不可限，住是三昧得如是。

般舟三昧經卷中

般舟三昧經卷下

後漢月氏三藏支婁迦讖譯

請佛品第十

跋陀和菩薩*整衣服，長跪叉手，白佛言：「我欲請佛及比丘僧，明日於舍食，願佛哀受請。」佛及比丘僧默然悉受請。跋陀和菩薩知佛已受請，起至摩訶波喻提比丘尼所，白比丘尼言：「願受我請，明日與比丘尼俱於舍小飯。」摩訶波喻提比丘尼即受請。

跋陀和菩薩語羅隣那竭菩薩：「舍第！諸郡國其有新來人，悉請會佛所。」羅隣那竭菩薩前至佛所，為佛作禮，長跪叉手，白佛言：「我兄請佛，所有新來人悉欲請於舍食，願哀受之。」

颰陀和菩薩、羅隣那竭菩薩、憍曰兜菩薩、那羅達菩薩、須深菩薩、摩訶須薩和菩薩、因坻達菩薩、和倫調菩薩悉與宗親俱，前以頭面著佛足，及為比丘僧作禮。作禮已，竟從佛所去，歸到羅閱祇國，至颰陀和菩薩家，共相佐助，作諸飯具。四天王、釋提桓因、梵三鉢皆共疾來，佐助颰陀和菩薩作衆飯具。

爾時，颰陀和菩薩宗親共莊嚴羅閱祇國，持若干種雜繒帳覆一國中，其街巷市里皆懸繒幡，舉一國中悉散華燒香，作百種味飯具用佛故，比丘僧、比丘尼、優婆塞、優婆夷及諸貧窮乞匃者，其飯具適等。何以故？不有偏施，於人民及蜎飛蠕動之類悉平等。颰陀和與八菩薩與諸宗親，以飯時俱往詣佛前，以頭面著佛足，却白佛言：「飯食具以辦，願佛可行。」

時佛與比丘僧皆著衣持鉢，俱詣來會者，皆隨行佛入羅閱祇國中，到颰陀和菩薩家。颰陀和菩薩作是念：「今佛威神故，令我舍極廣大，悉作琉璃，表裏悉相見，城外悉見我舍中，我舍中悉見城外。」佛即知颰陀和心所念，佛便放威神，令跋陀和舍極廣大，舉一國中人民悉見於舍中佛前入跋陀和菩薩家坐，比丘僧、比丘尼、優婆塞、優婆夷，各各異部悉坐於舍中。跋陀和菩薩見佛、比丘僧坐已，自供養佛、比丘僧若干百種飯，手自斟酌；佛及比丘、比丘尼、優婆塞、優婆夷皆已乃飯，諸貧窮者悉等與，悉各平足，皆持佛威神恩，使之足。跋陀和菩薩見佛諸弟子悉飯已，前行澡水，畢竟持一小机，於佛前坐聽經，為跋陀和菩薩及四輩弟子說經，莫不歡喜者、莫不樂聞者、莫不欲聞者；佛以經請比丘僧及諸弟子，佛起與比丘僧俱去。

跋陀和菩薩飯已，與宗親俱出羅閱祇國到佛所，前為佛作禮，皆却坐一面；及羅隣那竭菩薩、橋曰兜菩薩、那羅達菩薩、須深菩薩、摩訶須薩和菩薩、因坻達菩薩、和倫調菩薩、跋陀和菩薩，見人衆皆安坐已，前問佛：「菩薩用幾事得見現在佛悉在前立三昧？」

佛告跋陀和菩薩：「菩薩有五事，疾得見現在佛悉在前立三昧，學持、諦行、心不轉。何等為五？一者、樂於深經無有盡時，不可得極，悉脫於衆災變去，以脫諸垢中，以去冥入明，諸矇矓悉消盡。」

佛告跋陀和：「是菩薩逮得無所從來生法樂，逮得是三昧。復次，跋陀和！不復樂所向生，是為二；不復樂喜於餘道，是為三；不復樂於愛欲中，是為四；自守行無有極，是為五。

「菩薩復有五事，疾得是三昧。何等為五？一者、布施心不得悔，無所貪，無所惜，從是不得有所悕望，施人已後不復恨。復次，跋陀和！菩薩持經布施，為他人說經，所語者安諦，無有疑，無所愛惜，說佛深語，身自行立是中。復次，跋陀和！菩薩不嫉妬，所作無有疑，却睡臥，却五所欲，不自說身善，亦不說他人惡，若有罵者、若有刑者，亦不得恚，亦不得恨，亦不得懈。何以故？入空行故。

「復次，跋陀和！菩薩是三昧自學，復教他人書是經，著好疋素上使久在。復次，跋陀和！菩薩所信多樂敬長老及知識，於新學人若得所施，當念報恩，常有識信，受人小施念報大，何況於多者！菩薩常樂重於經，棄捐無反復之意，常念有反復，如是者得三昧疾。」

佛爾時頌偈言：

常愛樂法在深解，於諸習欲不貪生，遊步五道無所著，如是行者得三昧。
好喜布施不想報，所惠無著不追念，所與不見有受者，唯欲得解佛深慧。
愍傷衆生行布施，其心喜踊不悔恨，常立布施及戒忍，精進一心智慧事。
具足六度攝一切，慈悲喜護四等心，善權方便濟衆生，如是行者得三昧。
若有興施除慳貪，其心歡踊而授與，既施之後恒欣喜，如是行者得三昧。
曉知經法分別句，聞深要義佛所教，講說微妙道德化，如是行者得三昧。
其人學誦是三昧，具足解慧為人說，令此經法得永存，如是行者得三昧。
常不祕奧佛經法，不望供養乃為講。唯求安隱佛道地，如是行者得三昧。
除去所著棄諸蓋，捐去貢高及慢大，不自稱譽說彼短，終不復起吾我想。
其有寂定意不起，便能解是道定慧，棄捐諛諂心清淨，用是速逮不起忍。
常行至誠無綺飾，其願具足無缺減，殖衆正德無邪行，愛樂法者得道疾。

所誦習經常不忘，常護禁戒清淨行，如是行者得佛疾，何況奉是寂三昧。

佛告跋陀和菩薩：「往昔無數劫，提和竭羅佛時，我於提和竭羅佛所聞是三昧，即受持是三昧，見十方無央數佛，悉從聞經，悉受持。爾時，諸佛悉語我言：『却後無央數劫，汝當作佛名釋迦文。』」

佛告跋陀和菩薩：「我故語汝，今自致作佛，是三昧，若曹當學為知內法第一，眾所不能及，出眾想去，其有於是三昧中立者，念得佛道。」

佛爾時頌偈言：

憶念我昔定光佛，於時逮得是三昧，即見十方無數佛，聞說尊法深妙義。
譬有德人行採寶，所望如願輒得之，菩薩大士亦如是，經中求寶即得佛。

跋陀和菩薩白佛：「當云何守是三昧？天中天！」

佛告跋陀和菩薩：「色不當著，不當有所向生，當行空，是三昧當守。何等為三昧？當隨是法行。復次，跋陀和！菩薩自觀身無身，亦無所觀，亦無所見，亦無所著本，亦無所盲，亦無所聾，如經中法視住。亦無所見，亦無所著，無所著為守道者；於法中無所疑，不疑者為見佛，見佛者為疑斷，諸法無所從來生。何以故？菩薩有法疑想便為著。何等為著？有人、有壽命、有德、有陰，有人、有對、有想、有根、有欲，是為著。何以故？菩薩見諸法無所著，是法亦不念亦不見。何等為不見？譬如愚人學餘道自用，有人謂有身，菩薩不作是見。

「菩薩何等為見？譬如怛薩阿竭、阿羅訶、三耶三佛、阿惟越致、辟支佛、阿羅漢所見，不喜不憂；菩薩如是見，亦不喜亦不憂；守是三昧者，亦不喜亦不憂。譬如虛空無色、無想，清淨無瑕穢；菩薩見諸法如是，眼無所罣礙。見諸法用是，故見諸佛。見諸佛如以明月珠持著琉璃上，如日初出時，如月十五日在衆星中央時，如遮迦越王與諸群臣相隨時，如忉利天王釋提桓因在諸天中央時，如梵天王在衆梵天中央最高坐，如炬火在高山頂燒，如醫王持藥行愈人病，如師子出獨步，如衆野鴈飛行虛空中前有導，如冬月高山上積雪四面皆見，如天地大界金剛山却臭穢，如下水持地，如風持水諸穢濁悉清淨，如虛空等，如須彌山上忉利天為莊嚴，諸佛如是佛持戒、佛威神、佛功德，無央數國土悉極明。是菩薩見十方佛如是，聞經悉受得。」

佛爾時頌偈言：

佛無垢穢離塵勞，功德衆竟無所著，尊大神通妙音聲，法鼓導義喻諸音。
覺天中天脫諸慧，種種香華以供養，以無數德奉舍利，幡蓋雜香求三昧。
聞法普妙學具足，遠離顛倒喻滅度，終不想著於空法，當志解妙無礙慧。
清淨如月日出光，譬如梵天立本宮，常清淨心念世尊，意無所著不相空。
譬如冬月高山雪，若如國王人中尊，摩尼清淨超衆寶，觀佛相好當如是。
如鴈王飛前有導，虛空清淨無穢亂，紫磨金色佛如是，佛子念此供養尊。
去諸幽冥除闇愚，即悉速逮淨三昧，捐捨一切諸想求，無垢穢行得定意。
無有塵勞釋垢穢，棄去瞋恚無愚癡，其目清淨自然明，念佛功德無罣礙。
思佛世尊清淨戒，心無所著不相求，不見吾我及所有，亦不起在諸色相。
捨離生死無衆見，棄捨貢高慧清淨，遠除憍慢不自大，聞寂三昧離邪見。
其有比丘佛子孫，信比丘尼清信士，除去貪欲清信女，念精進學得是法。

無想品第十一

佛告颰陀和菩薩：「若有菩薩欲學是三昧，疾得是，當先斷色思想，當棄自貢高。已斷思想已，不自貢高已，却當學是三昧不當諍。何等為諍？誹謗於空，是故不當共諍；不當誹謗空，却誦是三昧。」

佛告颰陀和：「若有菩薩學誦是三昧者，有十事於其中立。何等為十？一者、其有他人若饋遺鉢震越衣服者，不嫉妬；二者、悉當愛敬人，孝順於長老；三者、當有反復念報恩；四者、不妄語，遠離非法；五者、常行乞食，不受請；六者、當精進經行；七者、晝夜不得臥出；八者、常欲布施天上天下，無所惜，終不悔；九者、深入慧中，無所著；十者，先當敬事善師視如佛，乃當却誦是三昧，是為十事。當如法作是行者，便得八事。何等為八事？一者、於戒清淨至究竟，二者、不與餘道從事出入智慧中，三者、於智慧中清淨無所復貪生，四者、眼清淨不復欲生死，五者、高明無所著，六者、清淨於精進自致得佛，七者、若有人供養者不用故喜，八者、正在阿耨多羅三藐三菩提不復動，是為八事。」

佛爾時頌偈言：

有黠慧者不起想，棄捐貢高及自大，常行忍辱無麁漏，爾乃為學是三昧。
智者心明不諍空，無想寂定是滅度，不誹謗法莫諍佛，如是行者得三昧。
明者於是無憍慢，常念佛恩及法師，堅住淨信志不動，爾時為學是三昧。
心不懷嫉遠窈冥，不起狐疑常有信，當行精進不懈怠，如是行者得三昧。
比丘學是常分衛，不行就請及聚會，心無所著不畜積，如是行者得三昧。
設使手得斯法教，及持奉行此經卷，已具足意得如佛，然後學誦是三昧。
住是至德行誠信，設有學誦三昧者，速逮疾得是八法，清淨無垢諸佛教。
其清淨戒有究竟，三昧無瑕得等見，以為空淨於生死，住於是法得具足。
智慧清淨無有餘，無穢行者亦不著，博聞採智捨唐捐，得行如是為黠慧。
志精進者無所失，於供養利而不貪，疾得無上成佛道，學如是德為明智。

十八不共十種力品第十二

佛言：「得是上八事者，便獲佛十八事。何等為十八事？一者、用某日得佛，用某日般泥洹，從初得佛日，至般泥洹日，佛無難；二者、無短；三者、無忘；四者、無不定時；五者、終無生法想言我所；六者、無有不能忍時；七者、無有不樂時；八者、無有不精進時；九者，無有不念時；十者，無有不三昧時；十一者、無有不知時；十二者，無有不脫見慧時；十三者、過去無央數世事，無有能止佛無所罣礙所見慧時；十四者，當來無央數世事，無有能止佛無所罣礙所見慧時；十五者、今現在十方無央數世事，無有能止佛無所罣礙所見慧時；十六者、身所行事，智慧是本，常與智慧俱；十七者、口所言事，智慧是本，常與智慧俱；十八者、心所念事，智慧是本，常與智慧俱。是為佛十八事。」

佛告跋陀和：「若有菩薩無所復著，求法悉護，學是三昧者，有十法護。何等為十法護？佛十種力。何等為十種力？一者、有限無限悉知，二者、過去、當來、今現在本末悉知，三者、棄脫定清淨悉知，四者、諸根精進，種種各異所念悉知，五者、種種所信悉知，六者、若干種變無央數事悉知，七者、悉曉悉了悉知，八者、眼所視無所罣礙悉知，九者、本末無極悉知，十者、過去、當來、今現在悉平等無所適著。」

佛告跋陀和：「若有菩薩無所從生法悉護，是菩薩得佛十種力。」

佛爾時頌偈言：

十八不共正覺法，世尊之力現有十，設使奉行是三昧，疾逮逮此終不久。

勸助品第十三

佛告跋陀和：「是菩薩持有四事，於是三昧中助其歡喜。過去佛時，持是三昧助歡喜，學是經者，自致阿耨多羅三耶三菩阿惟三佛，其智悉具足，我助歡喜如是。復次，跋陀和！當來諸佛求菩薩道者，於是三昧中助歡喜，學是三昧者，自致阿耨多羅三耶三菩阿惟三佛，其智悉具足，其皆助歡喜如是。復次，跋陀和！今現在十方無央數佛本求菩薩道時，於是三昧中者助歡喜，學是三昧者，自致得阿耨多羅三耶三菩阿惟三佛，其智悉具足，其皆助歡喜。福令其與十方人民及蜎飛蠕動之類，共得阿耨多羅三耶三菩阿惟三佛。持是三昧助歡喜功德，令其疾得是三昧，作阿耨多羅三耶三菩阿惟三佛得不久。」

佛告跋陀和：「是菩薩功德，於是三昧中四事助歡喜，我於是中說少所譬喻。譬如人壽百歲，墮地行，至百歲，無有休息。時其人行使過疾風，周匝四方上下，云何，跋陀和！寧有能計其道里者不？」

跋陀和言：「無有能計其道里者。天中天！獨佛弟子舍利弗羅、阿惟越致菩薩乃能計之耳。」

佛告跋陀和：「我故語諸菩薩，若有善男子、善女人，取是四方上下諸國土，其人所行處，滿中珍寶布施與佛，不如聞是三昧。若有菩薩聞是三昧，於是四事中助歡喜，其福出過布施佛者百倍、千倍、萬倍、億倍。若見不？跋陀和！是菩薩助歡喜，其福寧多不？用是故當知之，是菩薩助歡喜，其福甚尊大。」

佛爾時頌偈言：

於是經教中，　持有四事歡，　過去及當來，　現在諸世尊。
勸助功德行，　度脫諸十方，　蜎飛之蠕動，　悉逮平等覺。
譬如此周匝，　四方及上下，　人生行百歲，　盡壽行不息。
欲有計道里，　其數難度量，　獨佛弟子知，　不退轉菩薩。
滿中珍寶施，　不如聞是法，　四事之勸助，　其福出彼上。
跋陀且觀是，　四事之歡喜，　布施億萬倍，　不與勸化等。

師子意佛品第十四

佛爾時告跋陀和：「乃去久遠世時，其劫阿僧祇不可計、不可數、不可量、不可極阿僧祇，乃爾時有佛，名私訶摩提怛薩阿竭、阿羅訶、三耶三佛，其威神無有與等者，安隱於世間，於經中之尊，天上天下，號曰天中天。於是國土空閑之處，是閻浮利國土豐熟，人民熾盛樂；是時閻浮利內廣縱十八萬拘利那術踰旬，是時閻浮利內凡有六百四十萬國。爾時，閻浮利有大國名跋登加，其國中有六十億人，私訶摩提佛在是國中，有遮迦越王名惟斯芩王，往到私訶摩提佛所，為佛作禮，却坐一面。時私訶摩提佛即知其王心所念，便為說是三昧，其王聞是三昧助歡喜，即時珍寶散佛上，其心即念：『持是功德，令十方人民皆安隱。』時私訶摩提佛般泥洹後，惟斯芩遮迦越王其壽終已後，還生王家，作太子，名梵摩達。爾時，閻浮提有比丘高明名珍寶，是時為四部弟子比丘、比丘尼、優婆塞、優婆夷說是三昧。梵摩達太子聞是三昧助歡喜，心踊躍樂，喜聞是經，持珍寶直百億散是比丘上；復持好衣供養之，以發意求佛道。時與千人俱，於是比丘所，剃頭鬚，作沙門，即於是比丘所從索學是三昧。與千比丘共，承事師八千歲，不休懈，前後一反得聞是三昧；是比丘輩聞是三昧四事助歡喜，入高明之智。持是助歡喜功德，却後更見六萬八千佛，輒於一一佛所聞是三昧，自守學，復教他人學，其人持是助歡喜功德，其後得作佛，名坻羅惟是逮怛薩阿竭、阿羅訶、三耶三佛。時是千比丘從得阿耨多羅三耶三菩阿惟三佛，皆名坻羅首羅欝沈怛薩阿竭、阿羅訶、三耶三佛，教不可計人民皆求佛道。」

佛告跋陀和：「何人聞是三昧不助歡喜者？何人不學者？何人不為他人說者？何人不守者？」

佛告跋陀和：「若有菩薩守是三昧者，疾逮得佛。跋陀和！若有菩薩在四十里外，聞有持是三昧者，菩薩聞之，便當行求，往到其所；但得聞知有是三昧，常當求之，何況乃得聞學者！若去百里者，若遠四千里，聞有持是三昧者，當行學到其所，但得聞知，何況乃得聞學者！」

佛言：「去人遠者，常當自行求，何況去人十里、二十里，聞有持是三昧者，不行求學！跋陀和！若有菩薩聞是三昧，欲行至彼，聞求是三昧者，當承事其師十歲、百歲，悉具足供養，占視是菩薩，不得自用，當隨其師教，常當念師恩。」

佛言：「我故相為說之。若菩薩聞有是三昧處，去四千里者，欲往到其所，設不得聞是三昧者。」

佛言：「我告若曹，其人用精進行求故，終不復失佛道，會自致作佛見不？

跋陀和！菩薩聞是三昧，念欲求不離，其得利甚尊」

佛爾時頌偈言：

我念過去有如來，人中尊號私訶末，爾時有王典主人，至於彼佛聞三昧。
至意黠慧聽此經，心悅無量奉持法，即以珍寶散其上，供師子意人中尊。
心念如是而歎言，我身於此當來世，奉行佛教不敢缺，亦當逮得是三昧。
用是福願壽終後，輒復來還生王家，爾時見尊大比丘，號曰珍寶智博達。
應時從聞是三昧，踊躍歡喜即受持，供以好物若千億，珍寶妙衣用道故。
即與千人除鬚髮，來志樂求是三昧，同時具足八千歲，常隨比丘不捨離。
一反得聞不復二，是三昧者譬如海，執持經卷諷誦說，其所生處聞三昧。
用積累是功德故，當見諸佛大神通，其所具足八萬歲，所見諸佛輒供養。
曾值諸佛六萬億，加復供養六千尊，聞所說法大歡喜，然後得見師子佛。
蒙此功德生王家，見佛號曰堅精進，化無數億諸人民，度脫一切生死惱。
諷誦學是法以後，便復見佛名堅勇，天上世間誦其稱，聞三昧聲得作佛。

何況受持誦說者，於衆世界無所著，廣宣分流是三昧，未曾疑忘於佛道。
此三昧經真佛語，設聞遠方有是經，用道法故往聽受，一心諷誦不忘捨。
假使往求不得聞，其功德福不可盡，無能稱量其德義，何況聞已即受持。
設有欲求是三昧，當念往時彼梵達，教習奉行莫退轉，比丘得經當如是。

至誠佛品第十五

佛言：「乃往昔時，復有佛，名薩遮那摩怛薩阿竭、阿羅訶、三耶三佛！時有比丘名和輪。其佛般泥洹後，是比丘持是三昧。我爾時作國王刹利種，於夢中聞是三昧，覺已，便行求持是三昧比丘，即從作沙門；欲得於是比丘所一反聞是三昧，承事師三萬六千歲，魔事數數起，不得一反聞。」

佛告比丘、比丘尼、優婆塞、優婆夷：「我故語若曹，若曹當疾取是三昧，無得忘失，善承事其師，持是三昧至一劫，若百劫，若千劫，莫得有懈惓，趣當得是三昧。守善師不離，若飲食、資用、衣被、床臥，千萬珍寶以用上師，供養於師，無所愛惜；設無有者，當行乞食給師，趣當得是三昧莫厭。」

佛言：「置是所供養者，此不足言耳。常當自割其肌，供養於善師，常不愛惜身，何況其餘！當承事善師，如奴事大夫，求是三昧者當知是。得是三昧已，當堅持，常當念師恩。」

佛言：「是三昧難得值，正使求是三昧至百億劫，但欲得聞其名聲，不能得聞，何況得學者，轉復行教人！正使如恒邊沙佛剎滿其中珍寶，持用布施，其福寧多不？不如書是三昧，持經卷者，其福極不可計。」

佛爾時頌偈言：

我自識念往世時，其數具足六萬歲，常隨法師不捨離，初不得聞是三昧。
有佛號曰其至誠，時知比丘名和輪，彼佛世尊泥曰後，比丘常持是三昧。
我時為王君子種，夢中逮聞是三昧，和輪比丘有斯經，王當從受此定意。
從夢覺已即往求，輒見比丘持三昧，即除鬚髮作沙門，學八千歲一時聞。
其數具足八萬歲，供養奉事此比丘，時魔因緣數興起，初未曾得一反聞。

是故比丘比丘尼，及清信士清信女，持是經法囑汝等，聞是三昧疾受行。
常敬習持是法師，具足一劫無得懈，勿難千億用道故，當得聞是法三昧。
衣服床臥若千億，比丘家家行乞食，以用供養於法師，精進如是得三昧。
燈火飲食所當得，金銀珍寶供養具，*常當自割其肌肉，以用供養況飲食。
明者得法疾持行，受學經卷有反復，是三昧者難得值，億那術劫常當求。
所周旋處聞是法，當普宣視諸學者，假使億千那術劫，求是三昧難得聞。
設令世界如恒沙，滿中珍寶用布施，若有受是一偈說，敬誦功德過於彼。

佛印品第十六

佛於是語跋陀和：「若有菩薩聞是三昧，聞者當助歡喜，當學，得學者持佛威神，使得學，當好書是三昧著素上，當得佛印，印當善供養。何等為佛印？所識，不當行，無所貪，無所求，無所想，無所著，無所願，無所向生，無所適，無所生，無所有，無所取，無所顧，無所往，無所礙，無所有，無所結，所有盡，所欲盡，無所從生，無所滅，無所壞，無所敗，道要道本。是印中，阿羅漢、辟支佛不能壞、不能敗、不能缺；愚癡者便疑是印，是印是為佛印。」

佛言：「今我說是三昧時，千八百億諸天、阿須輪、鬼神、龍、人民皆得須陀洹道，八百比丘皆得阿羅漢道，五百比丘尼皆得阿羅漢道，萬菩薩皆逮得是三昧，皆逮得無所從生法樂，於中立，萬二千菩薩不復還。」

佛語舍利弗羅、摩目揵連、比丘阿難、跋陀和菩薩、羅隣那竭菩薩、憍曰兜菩薩、那羅達菩薩、須深菩薩、摩訶須薩和菩薩、因坻達菩薩、和輪調菩薩，佛言：「我從無央數劫求佛道以來，今以得作佛，持是經囑累若曹，學誦持守，無得忘失。若有，跋陀和！菩薩學是三昧者，當具足安諦學；其欲聞者，當具聞；為他人說者，當具說。」

佛說經已，跋陀和菩薩等、舍利弗羅、摩目揵連、比丘阿難等，諸天、阿須輪、龍、鬼神、人民皆大歡喜，前為佛作禮而去。

般舟三昧經卷下

佛說般舟三昧經

佛說般舟三昧經

後漢月支三藏支婁迦讖譯

問事品第一

聞如是：一時，佛在羅閱祇加隣竹園中，與大菩薩、比丘、比丘尼、優婆塞、優婆夷，及諸天龍、阿須輪，諸夜叉、迦樓羅、甄陀羅、摩睺勒等無央數衆，一切都在大會坐。

是時，颰陀和菩薩，從坐起，整衣服，長跪叉手白佛：「願欲有所問，聽者今當問。」

佛言：「善哉！恣汝所問，今當為汝說之。」

颰陀和問佛言：「菩薩當行何等法得智慧，如巨海攬萬流？云何行，博達衆智所聞悉解而不疑？云何行，自識宿命所從來生？云何行，得長壽？云何行，常在大姓家生，父母、兄弟、宗親、知識無不愛敬？云何行，得端正顏好美艷？云何得高才與衆絕異，智慧通達無所不包？云何行，功立相滿，自致成佛，威神無量，成佛境界，莊嚴國土？云何行，降魔怨？云何行，而得自在所願不違？云何行，得入總持門？云何行，得神足遍至諸佛土？云何行，得勇猛如師子無所畏，一切魔不能動？云何行，得佛聖性，諸經法悉受持，皆了知而不忘？云何行，得自足離諛諂，不著三處？云何行，得無罣礙，持薩云若教不失佛意？云何行，得人信？云何行，得八種聲入萬億音？云何行，得具足相好？云何行，得徹聽？云何行，得道眼覩未然？云何行，得十力正真慧？云何行，心一等念，十方諸佛悉現在前？云何行，知四事之本無？云何行，便於此間見十方無數佛土，其中人民、天、龍、鬼神及蠕動之類，善惡歸趣皆了知？所問如是，當云何行？願佛說之，釋一切疑。」

佛告颰陀和：「善哉！汝所問多所過度不可復計。汝所以能作是問者，汝乃前世過去佛時，所作功德，供養諸佛，樂於經法，守禁戒行，清淨所致。常行乞食不就請，多成就諸菩薩合會，教語令棄衆惡，視一切悉平等所致。常有大慈大悲所致。汝功德不可復計。」

佛告颰陀和：「有三昧名十方諸佛悉在前立，能行是法，汝之所問悉可得也。」

颰陀和白佛：「願為說之，今佛說者，多所過度，安隱十方，為諸菩薩現大明相。」

佛告颰陀和：「有三昧名定意，菩薩常當守習持，不得復隨餘法，功德中最第一。」

行品第二

佛告颰陀和：「菩薩欲疾得是定者，常立大信，如法行之，則可得也。勿有疑想如毛髮許，是定意法，名為菩薩超衆行：

立一念，信是法，隨所聞，念其方。
宜一念，斷諸想，立定信，勿狐疑。
精進行，勿懈怠，勿起想，有與無。
勿念進，勿念退。勿念前，勿念後，
勿念左，勿念右。勿念無，勿念有。
勿念遠，勿念近。勿念痛，勿念痒。
勿念飢，勿念渴，勿念寒，勿念熱。
勿念苦，勿念樂。勿念生，勿念老，
勿念病，勿念死。勿念身，勿念命，
勿念壽。勿念貧，勿念富，勿念貴，
勿念賤。勿念色，勿念欲。勿念小，
勿念大，勿念長，勿念短。勿念好，
勿念醜，勿念惡，勿念善。勿念瞋，

勿念喜。勿念坐，勿念起，勿念行，
勿念止。勿念經，勿念法，勿念是，
勿念非。勿念捨，勿念取。勿念想，
勿念識，勿念斷，勿念著。勿念空，
勿念實。勿念輕，勿念重，勿念難，
勿念易。勿念深，勿念淺，勿念廣，
勿念狹。勿念父，勿念母，勿念妻，
勿念子。勿念親，勿念踈，勿念憎，
勿念愛。勿念得，勿念失，勿念成，
勿念敗。勿念清，勿念濁。斷諸念，
一期念，意勿亂。常精進，勿懈怠。
勿歲計，勿日倦，立一念，勿中忽。
除睡眠，精其意。常獨處，勿聚會，

避惡人。近善友，親明師，視如佛。
執其志，常柔弱。觀平等，於一切。
避鄉里，遠親族。棄愛欲，履清淨。
行無為，斷諸欲。捨亂意，習定行。
學文慧，必如禪。除三穢，去六入，
絕婬色，離眾受。勿貪財，多畜積。
食知足，勿貪味。眾生命，慎勿食。
衣如法，勿綺飾。勿調戲，勿憍慢。
勿自大，勿貢高。若說經，當如法。
了身本，猶如幻。勿受陰，勿入界。
陰如賊，四如蛇。為無常，為恍惚。
無常主，了本無。因緣會，因緣散，
悉了是，知本無。加慈哀，於一切，

施貧窮，　　濟不還。　　是為定，　　菩薩行。
至要慧，　　起衆智。

佛告颰陀和：「持是行法便得三昧，現在諸佛悉在前立。其有比丘、比丘尼、優婆塞、優婆夷如法行，持戒完具，獨一處止，念西方阿彌陀佛今現在，隨所聞當念，去此千億萬佛刹，其國名須摩提，一心念之，一日一夜，若七日七夜，過七日已後見之。譬如人夢中所見，不知晝夜亦不知內外，不用在冥中，有所蔽礙故不見。

「颰陀和！菩薩當作是念。時諸佛國境界中，諸大山、須彌山，其有幽冥之處，悉為開闢無所蔽礙。是菩薩不持天眼徹視，不持天耳徹聽，不持神足到其佛刹，不於此間終生彼間，便於此坐見之。譬如人聞墮舍利國，有婬女字須門；復有人聞婬女阿凡和利；復有人聞優婆洹，復作婬女。時其人未曾見此三女人，聞之婬意卽動。是三人皆在羅閱祇國同時念，各於夢中到其女邊，與共棲宿，覺已各自念之。」

佛告颰陀和：「我持是三女人以為喻，汝持是事為人說經，使解此慧，至不退轉地無上正真道，若後得佛號曰善覺。」

佛言：「菩薩於此間國土，念阿彌陀佛，專念故得見之。即問：『持何法得生此國？』阿彌陀佛報言：『欲來生者當念我名，莫有休息則得來生。』」

佛言：「專念故得往生。常念佛身有三十二相八十種好，巨億光明徹照，端正無比，在菩薩僧中說法不壞色。何以故？色、痛痒、思想、生死、識、魂神、地、水、火、風、世間、天上，上至梵、摩訶梵不壞色，用念佛故得是三昧。」

佛告颰陀和：「是菩薩三昧誰證者？我弟子摩訶迦葉，因坻達須真天子，及時知者，有行得者，是為證也。如是，颰陀和！欲得見十方諸現在佛者，當一心念其方，莫得異想，如是即可得見。譬如人遠出到他郡國，念本鄉里家室親族，其人於夢中歸到故鄉里，見家室親屬，喜共言語，覺為知識說之如是。」

佛言：「菩薩聞佛名字欲得見者，常念其方即得見之。譬如比丘觀死人骨，著前觀之，有青時，有白時，有赤時，有黑時，其色無有持來者，是意所想耳。

菩薩如是持佛威神力，於三昧中立自在，欲見何方佛卽得見。何以故？持佛力，三昧力，本功德力，用是三事故得見。譬如人年少端正著好衣服，欲自見其形，若以持鏡，若麻油、若淨水、水精，於中照自見之。云何寧有影從外入鏡、麻油、水、水精中不也？」

颰陀和言：「不也！天中天！以鏡、麻油、水、水精淨故，自見其影耳。影不從中出，亦不從外入。」

佛言：「善哉！颰陀和！色清淨故，所有者清淨，欲見佛卽見。見卽問，問卽報，聞經大歡喜。作是念：『佛從何所來？我為到何所？』自念佛無所從來，我亦無所至；自念欲處、色處、無色處，是三處意所作耳，我所念卽見。心作佛，心自見；心是佛心，佛心是我身；心見佛，心不自知心，心不自見心，心有想為癡心，無想是涅槃，是法無可樂者，設使念為空耳！無所有也。菩薩在三昧中立者，所見如是。」

佛爾時說偈言：

心者不自知，　有心不見心，　心起想則癡，　無心是涅槃。
是法無堅固，　常立在於念，　以解見空者，　一切無想願。

四事品第三

「菩薩有四事法，疾逮得是三昧。一者、所信無有能壞者，二者、精進無有能退者，三者、智慧無有能及者，四者、常與善師從事，是為四。復有四事，疾得是三昧。一者、不得有世間思想，如彈指頃三月；二者、不得睡眠三月，如彈指頃；三者、經行不得休息三月，除其飯食左右；四者、為人說經，不得望人供養；是為四。復有四者，疾得是三昧。一者、合會人至佛所，二者、合會人使聽經，三者、不嫉，四者、教人學佛道，是為四。復有四事，疾得是三昧。一者、作佛形像用成是三昧故。二者、持好素寫是三昧，三者、教自貢高人內佛道中，四者、常護佛法，是為四。」

佛爾時說偈言：

常信樂於佛法，　精進行解深慧，　廣分布為人說。　慎無得貪供養，
意善解便離欲，　常念佛有威德，　悉見知無數變，　過去佛及當來，
并現在人中尊，　諸相好若干種，　黃金色無穢漏，　堅固教無極慧。
聽是法無亂心，　常捨離懈怠行，　無恚害向他人，　敬於師當如佛。
慎無得疑斯經，　一切佛所歌歎，　常造立佛形像，　常教人學是法，
行如是得三昧。

佛告颰陀和：「欲學是三昧者，當敬於師，承事供養，視當如佛。視善師不如佛者，得三昧難。菩薩敬善師，從學得是三昧已。持佛威神於中立，東向視見若干百千萬億佛，十方等悉見之。譬如人夜起觀星宿甚衆多。菩薩欲得見今現在佛悉在前立者，當敬善師，不得視師長短。當具足布施、持戒、忍辱、精進、一心，不得懈怠。」

譬喻品第四

佛告颰陀和：「菩薩得是三昧不精進行者，譬如人載滿船珍寶渡大海，船中道壞，閻浮利人皆大愁憂念：『失我爾所寶。』菩薩聞是三昧不學者，一切諸天人民皆悲憂言：『乃失我爾所經寶。』」

佛言：「是三昧經者，是佛所囑，佛所稱舉。聞是深三昧，不書學誦守持如法者，是為愚癡。譬如癡子，人持栴檀香與之，而不肯受，謂之不淨香。主言：『此栴檀香也，卿莫謂不淨，嗅之知香，視之知淨。』其人閉目不嗅不視也。」

佛言：「聞是三昧不肯受持者，如彼癡子，是為無知。反呼世間為有不入空、不知無，自謂如法，反作輕戲言：『佛亦有深經乎？亦有威神乎？』反相形言『世間亦有比丘如阿難乎？』」

佛言：「其人從持是三昧者，所去兩兩三三相與語言：『是何等說？從何得是語？為自合會作是經，非佛所說。』」

佛告颰陀和：「譬如賈客持摩尼珠示田家癡子，曰：『評此直幾錢？』賈客言：『持是珠置冥中，其光所照直滿中寶！』」

佛言：「其人不知是珠，而言：『其價能與一頭牛等不？寧可貿一頭牛，與我者善，不肯者休！』如是，颰陀和！菩薩聞是三昧不信，反形相者，如彼癡子。」

佛言：「菩薩聞是三昧，信受持修行者，四面皆擁護，無所畏，持戒完具，是為高明。智慧深入，當分布語人展轉相教，當令是三昧久在世間。」

佛言：「癡人自於前世不供養作功德，反自貢高，多行誹謗嫉妒，貪財利，故欲求名譽。但欲譁說，不信深經。聞是三昧，不信、不樂、不學，反誹謗是經，言非佛所說。」

佛告颰陀和：「今我故語汝如是，若善男子、善女人持珍寶滿三千國土布施，設有是功德，不如聞是三昧信樂者，其福過彼上！」

佛告颰陀和：「如我所說無有異，今故說是語耳！今見我說是三昧有疑者，其人却後除在惡師邊，正使善師所其功德不足言，如是輩人，轉與惡師從事，聞是三昧不信、不樂、不學。何以故？其人所更佛少，智慧少故不信耳！」

佛告颰陀和：「其有聞是三昧，不輕笑，不誹謗，不疑，不乍信乍不信，歡喜樂書學誦持者，我悉豫知見之。其人不獨於一佛、二佛所作功德，悉於百佛所聞是三昧，却後世時聞是三昧，書學誦持守之一日一夜，其福不可計，自致得阿惟越致，所願者得。」

佛告颰陀和：「聽我說譬喻：有人取一佛剎悉碎如塵，取一塵皆復盡破，如一佛剎塵，云何是塵數寧多不也？」

颰陀和言：「甚多！甚多！天中天！」

佛言：「有菩薩盡取一塵置一佛剎，其數爾所佛剎，滿中珍寶悉持供養諸佛，其福功德少少耳！不如聞是三昧，學書誦持，為他人說守，須臾間聞，是功德不可復計，何況已得是三昧悉具足者！」

佛爾時說偈言：

若有菩薩求衆德，當說奉行是三昧，信樂諷誦不疑者，其功德福無齊限。
如一佛國之世界，皆破壞碎以為塵，一切佛土過是數，滿中珍寶用布施，
不如聞是三昧者，其功德福過上施。引譬功德不可喻，囑累汝等當勸教，

力行精進無懈怠，其有誦持是三昧，已為面見百千佛，假使最後大恐懼，
持是三昧無所畏。行是比丘已見我，常為隨佛不遠離，如佛所言無有異，
菩薩常當隨其教，疾得正覺智慧海。

四輩品第五

颰陀和白佛：「難及！天中天！若有棄愛欲作比丘，聞是三昧，當云何學？云何持？云何行？」

佛言：「棄愛欲，作比丘，欲學是三昧者，當清淨持戒，不得缺如毛髮。常當怖畏於地獄痛苦，遠離於諛諂，是為清淨。」

「云何為缺戒也？」

佛言：「求色。」

「云何為求色？」

佛言：「其人意念：『我持戒自守，使我後世生，若作天，若作遮迦越王。

』如是為樂愛欲，是為缺戒。」

佛告颰陀和：「其有欲學是三昧者，清淨自守，持戒完具，不諛諂，常為智所稱譽。於經中當布施、當精進、所志當彊、當多信、當勸樂，承事於師視當如佛，得三昧疾。設不恭敬，輕易欺調於師，正使久學是三昧，疾忘之。」

佛告颰陀和：「是菩薩若從比丘、比丘尼、優婆塞、優婆夷，聞是三昧當視如佛，常敬尊，不當持諂意向。菩薩不得有諂意，常當至誠，常樂獨處止，不惜身命，不得悕望人所索，常行乞食不受請，自守節度，所有趣足而已，經行不得懈臥。如是經中教，學是三昧當守如是。」

颰陀和白佛：「難及！天中天！後世若有懈怠菩薩，聞是三昧不肯精進學，當云何？若有菩薩精進欲學者，我輩當隨是經教之。」

佛言：「善哉！颰陀和！我助其歡喜！過去、當來、今現在佛皆助歡喜！」

佛爾時頌偈言：

如我所說悉受持，當獨處止行功德，自守節度不聚會，常行乞食不受請，

　敬於法師視如佛，除去睡眠志開解，常自精進無懈怠，如是行者得三昧。

颰陀和白佛：「比丘尼求菩薩道，欲學是三昧，當云何行？」

佛言：「比丘尼求是三昧者，不得自高，常當卑謙，不得自貴，不得自大，不得嫉妬，不得瞋恚，不得貪財利色，常當清淨，不得惜軀命，常樂經法，念多學問，當棄婬怒癡，不得貪好服飾珠環，當為智者稱譽，當敬善師視如佛，不得有諂意。」

佛爾時頌偈言：

若比丘尼求三昧，常當精進勿懈怠，無得聽於貪欲心，除去瞋恚自高貴，
不得慢欺及調戲，常行至誠立一信，恭敬善師視如佛，如是行者得三昧。

颰陀和白佛：「若有居士修道，聞是三昧欲學者，當云何行？」

佛言：「居士欲學是三昧者，當持五戒令堅，不得飲酒，亦不得飲他人；不得與女親熟，不得教他人，不得有恩愛於妻子男女，不得貪財產；常念欲棄家作沙門，常持八關齋；當於佛寺中，常當念布施，布施已，不念我自當得其福，用

為一切施；常當大慈敬於善師，見持戒比丘，不得輕易說其惡，作是行已，當學守是三昧。」

佛爾時頌偈言：

居士欲學是三昧，當持五戒勿毀缺，常當思欲作沙門，不貪妻子及財色；
常八關齋於佛寺，不得貢高輕蔑人，心無榮冀思所欲，奉行經法心無諂；
棄捨慳貪常惠施，常當奉敬比丘僧，常志一行勿懈怠，學是三昧當如是。

颰陀和白佛：「優婆夷聞是三昧欲學者，當云何行？」

佛言：「優婆夷欲學者，當持五戒，自歸於三。何等為三？自歸命佛、歸命法、歸命比丘僧。不得事餘道，不得拜於天，不得祠鬼神，不得視吉良日，不得調戲，不得慢恣有色想，不得有貪欲之心；常當念布施，歡樂欲聞經，念力學問敬重善師，心常拳拳不得有懈。若有比丘、比丘尼過者，以坐席賓食之。」

佛爾時頌偈言：

優婆夷欲學三昧，奉持五戒勿缺毀，承事善師視如佛，不得拜天祠祀神；

除去殺盜及嫉妬，不得兩舌鬪彼此，不得慳貪常念施，見惡覆藏唯歎善；不得諛諂有邪婬，常當卑謙勿自大，敬事比丘比丘尼，如是行者得三昧。

擁護品第六

颰陀和菩薩、羅隣那竭菩薩、憍日兜菩薩、那羅達菩薩、須深菩薩、摩訶須薩和菩薩、因坻達菩薩、和輪調菩薩，是八菩薩見佛所說皆大歡喜。持五百劫波育衣布施，持身自歸，持珍寶供養。佛告阿難：「颰陀和等五百人，人中之師，常持正法，隨順教化莫不歡喜，樂隨侍者心淨無欲。」時五百人皆叉手立佛前。

颰陀和白佛：「菩薩持幾事，疾得是三昧？」

佛言：「有四事：一者、不信餘道，二者、斷愛欲，三者、當清淨行，四者、無所貪，是為四。如是行者，今世即得五百功德。譬如慈心比丘終不中毒，兵刃不加，火不能燒，入水不溺不害，正使劫盡燒時，墮是火中，火即為滅，喻如大水滅小火。菩薩持是三昧者，若帝王、若賊、若水火，若龍、夜叉、蟒、師子、虎狼，狏玃、薜荔、鳩坻，一切毒獸及鬼神，欲嬈人欲殺人，欲奪人衣鉢，壞人禪奪人念故，欲中是菩薩，終不能也，除其宿命不請，如我語無異也！」

佛言：「持是三昧者，終不痛目，若耳、鼻、口、身體、心終不憂，除其宿命所作。」

佛言：「是菩薩為諸天、龍神、及阿須輪、夜叉鬼神、迦樓羅鬼神、甄陀羅鬼神、摩睺勒鬼神、若人非人，皆共讚譽是菩薩，皆共擁護承事供養，瞻視敬仰思欲相見，諸佛世尊亦然。是菩薩所未誦經、前所不聞持，是三昧威神悉自得之，若晝日不得者，夜於夢中悉得之。」

佛告颰陀和：「其有持是三昧者，我說其功德，一劫復過一劫，不可盡竟，略說其要爾！」

勸助品第七

佛告颰陀和：「菩薩於是三昧中，將有四事助其歡喜。過去佛持是三昧，助歡喜自致，得阿耨多羅三耶三菩阿惟三佛，其智悉具足。今現在十方無央數佛，亦於是三昧中，四事助歡喜得。當來亦當從是四事助歡喜得，我悉助歡喜。」

佛告颰陀和：「是三昧中四事助歡喜，我於是中說少所譬喻：『人壽百歲，隨地行至者不休息，其人行過於疾風，寧有能計其道里不？』」

颰陀和言：「無有能計者！獨佛弟子舍利弗羅、阿惟越致菩薩，乃能計之耳！」

佛言：「我故語諸菩薩，若有善男子、善女人取是人所行處滿中珍寶布施，不如聞是三昧四事助歡喜，其福過布施者百千萬億倍，當知是助歡喜福甚尊大！」

佛告颰陀和：「乃久遠不可計阿僧祇，爾時有佛，名私訶摩提等正覺、無上士、道法御、天人師、佛、世尊，在空閑之處。是時閻浮利縱廣十八萬億里，凡有六百四十萬國悉豐熟，人民熾盛。有大國名颰陀和，有轉輪王惟斯芩，往到佛所禮畢却坐一面，佛知其意便為說是三昧，其王聞之助歡喜，即持珍寶散佛上，自念曰：『持是功德令十方人民皆安隱。』時私訶提佛般涅槃後，惟斯芩王壽終，還自生其家作太子，名梵摩達。爾時有比丘名珍寶，是時為四部弟子說是三昧，梵摩達聞之助歡喜，踊躍持寶直百億散其上，復持好衣供養之，以發意求佛道，與千人俱。於是比丘所作沙門，求學是三昧，與千人共承事師，八千歲不休懈，得一聞是三昧四事助歡喜，入高明智。因是却後更見六萬八千佛，輒於一一佛所，聞是三昧自致得佛，名坻羅惟逮等正覺、無上士、道法御、天人師、佛、世尊。是時千比丘從得等正覺，皆名坻羅欝沈，教不可計人民皆求佛道。」

佛告颰陀和：「何人聞是三昧不助歡喜，學持守誦，為人說者也？」

佛言：「若有守是三昧者，疾逮得佛，但聞其功德不可計，何況學持者？若去百里千里，有是三昧當求之，何況近而不求學也！若有聞是三昧欲學者，當承事其師十歲，供養瞻視不得自用，當隨師教常念師恩。」

佛言：「我故為汝說之，聞是三昧去四千里者，往到其所，正使不得聞，其功德不可計也！所以者何？專精進故。會當得之自致作佛！」

至誠品第八

佛言：「乃往昔有佛，名薩遮那摩等正覺、無上士、天人師、佛、世尊，時有比丘名和輪，其佛般涅槃後，是比丘持是三昧。我時作國王剎利種，於夢中聞是三昧，覺已便行。求是比丘卽依作沙門，欲得聞是三昧，承事其師三萬六千歲，魔事數數起竟不得聞。」

佛告比丘、比丘尼、優婆塞、優婆夷：「我故語汝等，疾取是三昧無得忘失！善承事其師持是三昧，至一劫、若百劫、若百千劫，莫得有懈倦。守善師不離，若飲食資用，衣被床臥珍寶以上勿有愛惜，設無者當行乞食給師。趣當得是三昧莫厭，常當自割身肉供養於善師，何況寶物？此不足言耳！承事善師當如奴事大家，求是三昧者當如是。得三昧已，當堅持常念師恩。是三昧難得值，正使求是三昧至百千劫，但欲得聞其名不可得，何況學而不精進？得是三昧精進學轉教人者，正使如恒河沙佛剎滿中珍寶，用布施甚多，不如學是三昧者。」

佛告颰陀和：「若有人欲學者，當助歡喜。欲學而得，學者持佛威神使學，當好書是三昧著素上，當得佛印印之，當善供養。何謂佛印？所謂不當行無所貪、無所求、無所想、無所著、無所願、無所向生、無所取、無所顧、無所住、無所礙、無所結、無所有，盡於欲，無所生、無所滅、無所壞、無所敗，道要道本是印，阿羅漢、辟支佛所不能及，何況愚癡者！是印是為佛印。」

佛言：「我今說是三昧時，千八百億諸天阿須輪鬼神龍人民，得須陀洹道，八百比丘得阿羅漢，五百比丘尼得阿羅漢，萬菩薩得是三昧，得無從生法於中立，萬二千菩薩不復退轉。」

佛告舍利弗、目揵連比丘、颰陀和等：「我從無數劫求道，今已得作佛，持是經囑累汝等，學誦持守無得忘失！若有欲學者，當具足安諦教之。其欲聞者，當為具足說之。」

佛說經竟，颰陀和菩薩等、舍利弗、目連比丘、阿難、及諸天、阿須輪、龍、鬼神、人民，皆大歡喜，為佛作禮而去。

佛說般舟三昧經

拔陂菩薩經

拔陂菩薩經

僧祐錄云安公古典
是般舟三昧經初異譯

聞如是：佛在羅悅祇竹園多鳥樹下，與衆弟子五百比丘俱，皆是阿羅漢。所著盡，無餘結，所作滿，所求具，皆已下重擔，悉至所願，已斷於故胎從政化度，皆悉度八禪，除一凡比丘。

爾時，拔陂菩薩與五百菩薩俱，皆白衣身受五戒，皆從如來欲受正法。拔陂菩薩便起前到佛所，為佛作禮，卻坐一面。諸菩薩及諸比丘，悉以頭面禮佛，皆坐一面。

佛爾時便取神足定意，使諸比丘在他郡國者，皆來會是竹園，悉為佛作禮。爾時過十餘萬眾比丘，皆來會竹園。

佛復取神足定意，使大德比丘尼等，從三萬餘比丘尼，皆來會竹園，為佛作禮，悉坐一面。

佛復取神足定意，使羅檀迦篗菩薩從惟舍大國，及迦休頭菩薩從占波大國，及那達頭菩薩從波羅奈大國，及須深無菩薩從迦惟羅衛大國，及大①導衆菩薩，及給孤獨、迦羅越從舍衛大國，及尊達菩薩從拘暹大國，及謾論調菩薩從沙號大國，各從二萬八千人皆會竹園，悉以頭面禮佛足，悉坐一面。

爾時，阿闍世王，與過十萬衆人俱，來到佛所，皆以頭面禮佛，悉坐一面。

爾時，第一四天王，及忉利天王，及梵天王，與無央數天衆，悉來到佛所，為佛作禮，悉坐一面。及諸遍淨天無央數衆，悉來到佛所，作禮皆住一面。及四阿須倫王，從無央數阿須倫衆，皆來到佛所，作禮竟，悉住一面。及難頭和難龍王，及沙迦羅龍王，及摩奈師龍王，及阿耨達龍王，及伊羅鉢龍王，共與無央數衆龍俱，來到佛所，作禮竟，悉住一面。

爾時，是三千日月間，無有空無人者，皆大神妙天龍神，及人非人從下並梵天。拔陂菩薩便起坐，整衣服，右膝著地，向佛叉手便言：「今欲有所問，願佛演說，解我所難！」

佛因言：「拔陂！恣意所問，如來今我悉能解汝所問，知汝意生滅形*像。」

拔陂菩薩便言：「云何得菩薩定意所聞如海多藏，所聞無有餘疑；不忘生念，亦不退、亦不懈惰，於無上之道至德正覺；為佛轉生，不落無法處，常識所從來生；未嘗離本願見如來至，便臥夢亦不離正；得形常端正，可愛見者；喜生於豪貴家；常持堅彊意，自裏所學，疾所知不忘；廣計慮意堅固慚羞，具了理奇可多行慈，常有默覺，所對多威，神常精進不中悔；傳放義，常入法、常入止、常入觀、常入禪、常入定；空不入相、無形地法，不恐不懼；常樂說法，常樂受法，意所願生不復違其本願；本德多力，本意多力，本因緣彊，五根彊，所作常彊，呵止惡常彊，所觀常彊，於解所願常彊？

「難勝量，譬如海；譬如月，自具淨滿；譬如日，稍盡陰冥；譬如火，能現色；譬如虛空，難可塗污；無所著，意已空；譬如明珠，悉達正法；譬如石，安住不動；譬如根，難搖動；譬如狧及溥軟；其意無所痏，譬如蜚鳥；意以低伏，譬如乞兒不起；樂在縣國樂山谷；譬如麋鹿；亦猴猿，不親愛俗人；亦有學者常導眾復牽眾，無瞋恚在諸人不復化，悉諸魔隨次解度；諸法無教導自意解，於覺法在禪堅不緣邪；有大慈力難可嬈，所念常深不離正行，無能計其所得所念；得聞法數依墮淚，所忌常*大，一切具佛所行思願？

「眾來欲採無數善念，願取海清淨信，增願淨潔；妬嫉瞋恚斷，常願明在，一切知至光內歡喜；行願以斷不信忌，為黠所洒，滿無數天願行，一切莊飾世斷綺可；便淨好行戒淨具為，能斷弟子因緣覺地；心所求願堅不轉，所作竟成所求常無造；於天人道善法行不饜事，悉於菩薩成滿具度不憂喜；一切於異學不傾邪，一切敬樂諸佛；悉見法光耀無能化壞；常悉會面於諸佛；譬如作幻人，一切法非我；譬如化人，未來於後法；譬如夢人，過去當來現在事；譬如有光，一切世悉見身；如雙日亦不行，亦無所止因緣法；譬如景於生死，以住無胎，已斷胎想過不取法；行遠棄已憂法器，菩薩意已無數？

一切於世一切無能轉不墮，次近無所著，一切佛國界已度符節門；一切足解散善法，自上如法器；一切於諸佛，一切為如來所拜；以佛神住衣毛不動，能力如師子獨吼；常見敬一切，能飽滿世衆不亂誤；一切為諸佛所*持知，如時覺行化；棄所疑，無彼受法，一切三世無不照知，一切黠慧說無窮；常行慈以得哀，不留事說經明不慧棄住；悉於諸人不兩隨，身意同生直；心為世眼三界明，悉三界無能輕易者；行非我，世所有展轉止；行不求衆樂，獨行信憶誠信；法不取不棄，一切知演教；彼勸人住大學門，已至無恐怖；善說如來正法一切卷句，常行求見者莫不喜，悉衆所從大樂得喜；在如來足下斷*連，當樂善說一切佛法，樂行問不仇意著；於行於衆止所受恐怖斷，起力言行一切度轉；常直取所住不動，一切羸彼助說法坐師子座；數數有悉諸佛所知，一切在世無所墮；悉說行在入知常尊法，悉依諸佛行；常願法不倦解待愚，如來善交無處所行；在十方世常好行一切，為人棄罪成福，默為日增已得入法門？

「譬如天法身無形故常拏內人，為菩薩一切不斷諸佛諸行，不住止欲；具菩薩*乘已被人鎧，雖多怨嫉欲勝一切；於佛數數願，如來十種力地，一切想去已為知悉了；工校計知世聚散，一切行入生死，棄無所住亦不亂；已度於法海為藏貴寶，遍行於世一切已遠世；已習行大變化，佛力足致無比；聚一意願見諸佛，棄不用一切世所生生異界如來有住在者；正覺無所著，遙見佛及其國界，聞其法，見其比丘僧，亦不五達，亦不六達，菩薩亦不從是世致彼聽視，猶故住是世耳；遙見正覺，亦聞明法，亦悉受行，譬如今面受奉行，令正等，使吾無疑，亦使如是；諸菩薩無懈怠，常面見佛善聽法，至夢傾意不為邪？」

佛便謂拔陂菩薩言：「善哉！善哉！拔陂！是為哀衆辭，求衆之安，愍念三世，見義、見樂、見安，於人天能以如是義問如來。先亦自有德，於過去佛已施衆善福，已待遇衆佛，坐法義座，願法無所願援，奉受梵行，少欲約可於無食，喜具戒起諸菩薩。常勸成菩薩，常願尊菩薩，常願菩薩意大，願菩薩盛，願菩薩得，其所求常慈有大。依一切等心，於人制意度無極，見佛常度理如來語求佛意，譬如和夷鐵無稱量，悉人意所常善，知覺於面行，是汝德。拔陂！吾已意具知。雖爾者有現在佛定，名為常住止，是定為定意，堅不墮，不失意，下耳根衆不他怠。」

「唯如來為我解說是定意，為衆學作先，使衆人得安，願愍是世，為人天世及諸菩薩大願者，皆當以是見光自照。」

佛便告菩薩拔陂言：「常行一法，常作莫饜，奉行如上多益，作莫滅如作車成便乘，便可隨常所求。已具淨，已諦念，已具堅，本力作一切善法，自致踰過便以有。何等為一法？見在佛定意，名為止定住者。所謂因緣，佛意作念，意不邪，冥不亂，已默得，持精進，不跌無形有待遇，常興空厚睡臥。為劇怨且遠避衆會，身常隱，避惡知識莫親，隨善政友可法道。直根莫妄占所饜，欲少食，不願貪。好法衣，不願壽長，隨本命慧身無所愛，不顧其親屬，本所生國速棄去。已親慈心，已得哀意，已住喜意，已行護心，諸蓋已棄，諸禪已習，色想已分別，陰想不取，諸入不受，諸大不宥，意已不亂生，受不住不淨，已得一切舍向一切脫人。一切於人如己身，一切人皆非我，一切法無所取。從戒無所願，常習欲定，多聞欲樂戒，陰不漏毀定，陰不動墮。於法無所復疑，與佛無諍。於法無所棄，於僧不誹謗。麁惡言以斷止，待遇於有道過者。常遠離世音無樂不用，過世音常用愛樂，畜生音遠棄。辟六堅法已習，五度脫常當習，十惡作足已棄，十善作足親習。於九嬈能自解，於八無勢悉違捨，八精進常已習，九想行已行，八大人念為已得，諸禪莫取愛。莫以聞自大理可綺下，耳聽常重法。常欲法，色想已別，自想身無所取，想人已悉捨，雖生不為可陰想。已分別所有，已不住常求，欲泥洹願，不用生死行，於生死恐懼想，於諸陰想如怨，於四大如蛇，於諸入已想空。想三界無所住，見泥洹而獨樂，世作不復用，捨世隨佛。令於人無諍，一切於世無所親，一切諸佛常得面。有是身如夢見向脫，常淨潔善作，常為求一切諸想，分別計三堅定。常著念一切諸佛，依怙著善本。常思願一切諸佛自在欲定，不自願佛身相等，一切法不分別計世，知義不與諍。從受有能次第，隨如來住地利得忍辱。已下入法身空身，為已知人身，不生不滅泥洹身，常以觀黠慧眼已為淨，一切法非我。願佛意不墮不踰，一切於佛一其行，不念知欲求到，為無數識中直意。於*佛乘☆不為彼，隨佛智，遇善友如見尊，一切於諸菩薩無異意，悉反魔所作。一切世所有如幻，一切諸佛如光，照見如來。常行求菩薩意度無極悉等，等*憶誠信見諸佛一切等善法。

「拔陂！是為現在佛面住定意，亦用是法定意為具來。何等定意具將是法來？所謂現在、現在佛面住定意為何等？拔陂！若有比丘、比丘尼、優婆塞、優婆夷，於戒常具足，常獨處不與衆，便起意念言：『阿彌陀佛為在何方常在說法？』如其所聞，便生念在西方，阿彌陀佛如來正覺所治也。去是佛國當過百千億佛界，名須摩提國，衆菩薩所聚，聽尊說法已不亂意，常當念是國地。拔陂！譬如人臥夢見聚銀若金及衆寶，親友知識極愛親屬，常樂欲見不饜，便與共戲樂，至意親密談，至寤尚識其所見，如事為人說，便為墮淚念識其想。拔陂！亦如是，菩薩白衣者若學者，聞阿彌陀佛所在國，常當念其方，無毀漏於戒。於戒陰莫用亂意，淨心念一日一夜至七日七夜，如是七日七夜畢念，便可見阿彌陀佛；或在夢中如來阿彌陀佛，如來當面自見。譬如上頭夢男子，自想為住在空，不想夜亦不想晝，其眼根不為壁牆所遮，不為陰冥所蔽。拔陂！菩薩亦爾。作意行如是，如是於佛界中間，雖有須彌山，有遮迦謗摩呵遮迦謗山，及餘黑山，不能遮其眼視，亦不能遮其意。菩薩亦未得天眼，視見阿彌陀佛；亦不得天耳，聽聞阿彌陀佛說經；亦未得神足，得往到阿彌陀佛國。菩薩亦不從是下世往生彼，但自故住是世，見阿彌陀佛如來，亦聞其說法如聞奉行。菩薩便從是定意寤，如所聞法便為人廣說。

「拔陂！譬如人從隨沙離聞有好女字須聞。復有第二男子，聞有好女字阿凡和利。復有第三男子，聞有好女名為蓮華色。從聞展轉著污轉自作貪，是諸男子皆未見好女，但遙聞數數起意生念，便有婬起，從臥便夢見，便往到女處。是故羅閱祇城中男子，如是起意，如是便見。與共會合，便亂習婬法，曉竟便寤，故識如問如知。

「拔陂！為汝說如是，從是因緣如是法說，從是不還受別。於無上覺道，我復為其說，當來於後久遠，當名為善宿如來、無所著、正覺。其人但是恣意見想，如是正見如是菩薩。拔陂！亦如是住在是世間，彼有阿彌陀佛，已聞數數念，便見如來阿彌陀佛。見在佛面見住上定意，見便難問如來：『從何法會菩薩得生是世？』阿彌陀佛便為諸菩薩說言：『常念佛意善習不捨，常行幻作便得生是佛國。』何等常念佛、念如來法不忘？今是如來、無所著、正覺身有三十二大人相，紫磨金色身，如淨明月水精珠身，譬如衆寶所瓔珞。在衆弟子中獨說法，如是為其誠說。何以無所壞故？何所不壞敗者，地、水、火、風、神、天、梵王，是皆不亡色、痛、想、行、識。如有念如來因緣如空，空便為已得，是為念佛意。菩薩常寤已捨其定，拔陂！汝用是便到彼所。從到便說是事，從有是如是法說，可使受別不復還墮，於無上得正覺。

「拔陂！亦汝及摩呵迦葉，及因陀達菩薩，及須深天子，亦及餘，於是定意有得者。拔陂！過去久遠有一男子，於曠野澤中便大飢復渴，於澤中便得臥，夢得好飯食極意飽食，所飢渴便飽，適寤自意身飽滿，便自計是法。譬如夢食，其如是觀便忍受別，於佛法菩薩亦如是。居家或學聞佛所在方，常至意當念其方，常願欲見佛莫取想，於胎亦莫想自有身，常住空想。有想當想念佛，從以空想便以住，以能想念佛，淨如琉璃寶中尊，如是念便見如來。拔陂！譬如人從本生國到他方，久久還念本所生國遊戲所見，樂臥便夢還故國，便遊戲生想如故所到處，於國中恣意。⊙遊戲，寤便為親近及知識左右侍人說言：『我往如是，我見如是，我所到到，所作到如是。』拔陂！菩薩亦如是，居家及學聞佛所在方，常當念其方，願常欲見佛，如是念菩薩會見如來淨如琉璃寶中尊。拔陂！譬如觀污露比丘，取半壞敗色著其前，便見已青，黑亦見，壞亦見，空隨如烟，但見白骨在前，是骨從何來？誰持著？是誰所作？是皆意所作耳！拔陂！菩薩亦如是。持佛不歸他，住在是定意，所向方便願見佛，其方有佛者即見如來身。何以故？以倚著定故！復已持佛故住在是定，以佛威神復己定力，自復以宿功德作三令悉見如來。

「拔陂！譬如人年尚少，樂自技拭淨器受麻油、淨器受清水、新磨鏡、若於水精器自觀其身，悉於是中見其形。拔陂！汝寧謂是人形入油、水鏡、水精器不？若已在其中耶？」

對言：「如來！不！不！我謂內不可得，及麻油、水、鏡、水精悉見影住其前，亦不從光中來，亦不從身中出。」

佛言：「善哉！善哉！拔陂！實如是。以淨色已分別，諸菩薩欲見佛易無難，見即能問，得問能對，所聞內喜其復內爾。是諸佛從何來？我到何所？是皆無從來，知如來無從去。云其自身其復生意爾？但意行是三界耳。我欲觀天，意即見天，以意作佛，亦以意見。但是我意，為佛如來但意耳，及我身意也。以意見佛，意不能見意，意不能知意。意想為無智，不想意為泥洹。是法無堅，皆從自可起，自可悉空，求自可亦無有。拔陂！菩薩亦如是住在其定。

「拔陂！有四法菩薩疾得是定。何等為四？一、為無央信，二、為精進無能逮，三、為黠不受彼教，四、為親善友。拔陂！是為四法，菩薩用疾得是定。復有四法，菩薩疾得是定。常求見佛、常願聞法、計無所住、求佛意不忘，菩薩用是四法疾得是定。復有四法，何等為四？不樂俗言，不樂有人識，不欲世樂；不到睡臥試，但除大小便及飯食時及經行；不識會四輩及餘衆，常以法布施轉增；不樂好色及待過利；是為四法，菩薩疾得是定。復有四法，疾得是定。常作佛形像，次晝作其好，常持是定意；亦以意樂是定住久長止，亦書受奉行；是定起，棄綺可意，無綺可法，便住無上獨尊道；常營護如來教，令諦不忘。是為四法，菩薩用疾得是定。」

佛爾時知是義，便說偈言：

當生信於尊令，　莫畏法所空說，　行精進斷截臥，　滿三月當坐行。
常說法尊所言，　偏教令演其功，　莫樂著見待遇，　無所著得是法。
紫磨色相百福，　常作念佛在前，　歡喜光一切照，　形極好如金珠。
過去佛及未來，　常當念叉手住，　亦見在人天尊，　悉恭敬善法念。
常待遇於德王，　以華香散其形，　與飲食常淨心，　求是定當阿難。

鼓吹增及琴瑟，　常作樂無量象，　造喜悅無數喜，　常願求無極定。
常造作無比形，　好分別相具好，　金色身*體清淨，　欲願定是何難。
所念法常念作，　淨潔戒聞欲求，　偕事聚壞散棄，　於是定得不久。
莫生嬈於有形，　行慈心具依護，　且當觀欲善苦，　求是定得不久。
生意喜於說法，　相侍尊常禮尊，　莫綺可棄貪慳，　於法說莫疾弄。
如是令善可待，　所生滅如來說，　無數佛悉所教，　所求定莫為難。

「拔陂！菩薩當於說法比丘恭敬，常當禮遇具作待如尊，於是定便為進。拔陂！菩薩有於說經比丘亂意，有念嫉怨恨無清淨心。拔陂！眾非義所載令許，菩薩得是定意，至德尊滿道義終無是。拔陂！譬如有眼男子，淨夜無雲霧，於夜半時仰頭視上，便見無數星宿。拔陂！菩薩亦如是，受護佛法者觀於意，在東方見無數佛，無數百、無數千、無數萬、無數億百千，求見甚易眼精所觀見。拔陂！譬如來正覺眼，一切知一切見，菩薩亦如是。於是見在佛住正定意，從幻聞具行，從精進無偕具行，布施具行，戒度具行、忍辱具行、禪意具行、黠度定具行、得脫黠具行、度無上黠具行。」

佛爾時解是義說偈言：

有眼觀上視空，於淨月中夜起，見無數億千里，雖曉明意在識。
定意爾菩薩得，見無數千佛國，從定寤意故識，亦於衆說國好。
定眼淨次覺視，無蔽障觀十方，勝可愛為覺眼，是定淨用見尊。
尊無時想觀世，觀十方三世尊，斷毒淨無胎相，願聽善學上德。
亦聽法快甚涼，可疾念空止要，我是法願與俱，安樂衆願為佛。
如無量菩薩色，見佛國億萬數，菩薩爾得定後，見無央諸尊形。
有意學遍慈仁，從我聞悉持行，是定爾菩薩得，無數百法不持。
信羞慚生想愛，悉遠棄世所可，何不作世法施，從是得淨止地。

「拔陂！菩薩得定意，當起定意生精進。譬如船滿中諸寶，已度大海粗及此岸，船近於岸邊沒，於是閻浮提人，當大舉聲稱怨，*當復悲哭：『我曹已貧衆不見好寶。』拔陂！於是定意可聞已遠，不復書、不讀、不諷、不行，亦不求義。比丘、比丘尼，及優婆塞、優婆夷，其國處悉諸天世，皆大出聲稱怨，當復悲哭：『我曹悉已空貧眾不見是法施。』世已有是深妙定意，親佛所教、佛所稱譽、佛所尊說，聞已不書取、亦不諷受、亦不讀、復不行、亦不住；樂聽綺滿害智，不欲具聞，不取多智，雖聞不欲、亦不樂取是定。

「拔陂！譬如愚人少黠，若有人來以栴檀授與之，癡人生不淨想，黠人便為其說：『是栴檀極好香，何為於是生不淨想？何不嗅之聞其好香？何不視之見其好色？』便自挾其鼻，不欲聞香故；閉其眼故，不欲視香色。說是定時亦如是，無戒者不樂欲遠，不樂受已，習無慧痛亡其智，到禪便猗，著胎歸胎。是輩聞是定意，亦不信、亦不用、亦不隨、亦不生內喜，復出聲言，於眾便作願：『善哉！今學光明尚能爾！今世有高比丘，譬如阿難；是經譬如*爐中*火，去眾於屏處更說非諦；是經欲聞巧亂耳，是非佛所說。』

「拔陂！譬如賈人到愚冥人邊，出絕好摩尼珠以視癡人，是癡人問主：『是珠價直幾所？』其主言：『如是珠於夜作光，以寶滿其明處。』則是珠於賈子曹便笑戲謿珠主，便度量摩尼珠，復言貨主：『是珠薄一牛寶則當是其價耳！』拔陂！亦如是，於後有是菩薩定，如有比丘能持信堅多欲學，直於奉行慚於疑，欲求度多聞有黠，深念行慈得哀，是定自在處，說如是定為可久住。有癡者，於前過勝未嘗有行，未嘗有福德，自大多嫉用利自取，欲作世名少聞，本無善學，是曹輩聞是定，亦不持、亦不信、亦不行、亦不樂受，復出聲言：『甚可怪！是曹比丘，何一不慚？是比丘何一不解？聞是曹*比丘☆巧言雅辭，強說言是佛所道。』

「拔陂！我已故為若重說，令汝明解及天人世。拔陂！若有人以是重三千日月，滿中七寶施與諸佛如來正覺，不聞是定者，若有菩薩聞是定意，已聞復言，是福獨多。」

佛爾時解是義，便說偈言：

一切是重三千，　悉施與滿中寶，　願作佛如是行，　常於世無雙二。
其能有得此經，　善定意佛所尊，　聞便信受奉行，　及福快獨極尊。
佞調意常自是，　收意邪無定根，　常求會惡知識，　轉相教不信是。

漏無戒惡法具，自可足堅住癡，轉相蹭謂可脫，敢壞敗勝所教。
是經非佛所說，法王亦無是言，敢出是惡聲說，惡作具不撿意。
有當見大雄尊，三世將光無量，是義出為是輩，是皆為持法學。
已聞是深妙經，聞便受內生喜，是曹輩可莫疑，不憂後不為佛。
有戒具清淨行，有信悉直無邪，口說法如海流，我所說為是賢。

拔陂菩薩經

南無護法韋馱尊天菩薩

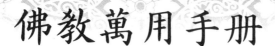

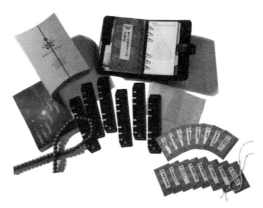

三昧禪法經典系列2

《般舟三昧經典》

主　　編　全佛編輯部
出　　版　全佛文化事業有限公司
永久信箱：台北郵政26-341號信箱
訂購專線：（02）2913-2199
傳真專線：（02）2913-3693
發行專線：（02）2219-0898
匯款帳號：3199717004240　合作金庫銀行大坪林分行
戶名：全佛文化事業有限公司
E-mail：buddhall@ms7.hinet.net
http://www.buddhall.com
門　　市　心茶堂
新北市新店區民權路95號4樓之1（江陵金融大樓）
門市專線：（02）2219-8189
行銷代理　紅螞蟻圖書有限公司
台北市內湖區舊宗路二段121巷19號（紅螞蟻資訊大樓）
電話：（02）2795-3656
傳真：（02）2795-4100

一九九六年三月　初版
二〇一三年七月　初版二刷
定價新台幣　二二〇元
ISBN　978-957-9462-29-7（平裝）

Published by BuddhAll Cultural Enterprise Co.,Ltd.

Buddhall

國家圖書館出版品預行編目資料

般舟三昧經典 / 全佛編輯部主編- - 初版. --
臺北市：全佛文化, 1996[民85]
面；　公分. －(三昧禪法經典系列；2)

ISBN 978-957-9462-29-7(平裝)

1.方等部
221.38　　　　　　　　　　85001648

全佛
Buddhall

廣告回信
台灣北區郵政管理局登記證
北台字第8490號

郵資已付，免貼郵票

台北郵政第26～341號信箱

全佛文化事業有限公司　收

請沿虛線對摺，謝謝！

全佛
Buddhall

系列：三昧禪法經典2　　書名：般舟三昧經典

此處請用膠水黏貼

讀者服務卡

謝謝您購買此書，如您對本書有任何建議或希望收到最新書訊、全佛雜誌與相關活動訊息，請郵寄或傳真寄回本單。

姓名：＿＿＿＿＿＿＿＿＿＿ 性別：□男 □女

電話：＿＿＿＿＿＿＿＿＿＿ 手機：＿＿＿＿＿＿＿＿＿＿

出生日期：＿＿＿年＿＿＿月＿＿＿日 婚姻狀況：□已婚 □未婚

住址：＿＿＿＿＿＿＿＿＿＿＿＿＿＿＿＿＿＿＿＿

E-mail: ＿＿＿＿＿＿＿＿＿＿

法門傾向：□顯宗 □密宗 □禪宗 □淨土 □其他＿＿＿＿＿＿

職業：□學生 □自由業 □服務業 □傳播業 □金融商業 □資訊業
□製造業 □出版文教 □軍警公教 □其他＿＿＿＿＿＿

■您如何購得此書？

□書店＿＿＿＿＿＿縣/市＿＿＿＿＿＿＿書店

□網路平台(書店)＿＿＿＿＿＿＿ □其他＿＿＿＿＿＿＿

■您對本書的評價（請填代號1.非常滿意 2.滿意 3.尚可 4.待改進）

＿＿定價 ＿＿內容 ＿＿封面設計 ＿＿版面編排 ＿＿印刷 ＿＿整體評價

■對我們的建議：＿＿＿＿＿＿＿＿＿＿＿＿＿＿＿＿＿＿＿＿

＿＿＿＿＿＿＿＿＿＿＿＿＿＿＿＿＿＿＿＿＿＿＿＿＿＿＿

＿＿＿＿＿＿＿＿＿＿＿＿＿＿＿＿＿＿＿＿＿＿＿＿＿＿＿

＿＿＿＿＿＿＿＿＿＿＿＿＿＿＿＿＿＿＿＿＿＿＿＿＿＿＿

Buddhall
全佛文化事業有限公司
訂購專線:886-2-2913-2199 傳真專線:886-2-2913-3693
http://www.buddhall.com

此處請用膠水黏貼